내 인생 · 첫 번째 · 프랑스어

내첫프
70패턴
프랑스어회화

내 인생 첫 번째 프랑스어
70패턴 프랑스어회화

초판 1쇄 발행 2022년 1월 21일
2판 1쇄 인쇄 2024년 9월 2일
2판 1쇄 발행 2024년 9월 12일

지은이	엘로디
발행인	임충배
홍보/마케팅	양경자
편집	김인숙, 왕혜영
디자인	정은진
펴낸곳	도서출판 삼육오(Pub.365)
제작	(주)피앤엠123

출판신고 2014년 4월 3일
등록번호 제406-2014-000035호

경기도 파주시 산남로 183-25
TEL 031-946-3196 / FAX 031-946-3171
홈페이지 www.pub365.co.kr

ISBN 979-11-92431-78-9 13760
© 2024 엘로디 & PUB.365

내 인생 첫 번째 프랑스어

내첫프

저자 엘로디

70패턴
프랑스어회화

PUB 유오

머리말

　　이번에 책을 집필하게 되면서 다시금 회화의 본질에 대해 고민하게 되었어요. 회화가 서로 이야기를 나누는 것이라면, 이야기를 나누는 것은 곧 나를 표현하는 것이라고 생각해요.

　　나를 표현하기 위해 그림을 그린다고 한번 상상해 볼까요? 처음에는 그저 회색 연필 하나만 쥐고 그림을 그리게 되면 그 과정이 조금 지루하고 단조롭게 느껴질 수도 있습니다. 하지만 이내 밑그림 위에 색을 하나씩 채워가는 다채로움을 즐길 수 있게 되죠.

　　그렇게 점점 더 다양한 색과 재료를 가지고 그림을 그리면서 더 풍성하게 표현할 수 있게 되고, 그러다 보면 그림을 그리는 재미도 나란히 늘어갈 거예요.

이 책으로 여러분이 '프랑스어'라는 그림을 그릴 수 있도록 돕고자 합니다.

　　이 책과 함께 새로운 색을 찾아가고, 다양한 재료와 도구를 내 것으로 만들어보도록 해요! 처음엔 연필로만 그린 듯한 지루하고 단조로운 문장으로 시작하겠지만, 70가지의 패턴을 통해 하나하나 색을 채워가다 보면 점점 다채로운 프랑스어를 말할 수 있게 될 거예요.

　　각자의 캔버스에 자유롭게 프랑스어로 그림을 그려 나가며, 자신의 생각과 감정을 마음껏 표현하는 멋쟁이 화가가 되시길 힘껏 바라고 응원합니다!

　　마지막으로 책이 집필되는 동안 기도를 아끼지 않으신 부모님과 용기가 부족할 때마다 늘 내 편이 되어주며 함께 춤을 춰준 남편 그리고 크고 작은 아이디어를 힘껏 보태준 소중한 통대 동기 재연, 상민에게 감사의 마음을 전합니다.

이 책의 특징

1. 프랑스어가 처음이신 분들을 위해 **INTRO 챕터**를 준비했습니다. 알파벳과 발음부터 차근차근 가르쳐드릴 테니 프랑스어가 낯설다고 주춤하지 마세요!

2. 7가지 상황에서 펼쳐지는 10개의 대화문을 통해 딱 10마디씩만 배워봅시다. **연습하기**와 **따라 하기** 코너를 통해 패턴과 친해지다 보면 어느 순간 70개의 패턴이 입에 쏙쏙 붙을 거예요!

3. **더 알아보기**와 **단어장** 코너를 통해 기본적으로 꼭 알아야 하는 문법 요소, 기초 어휘 및 표현을 담았습니다. 이 책 한 권만으로 여러분의 초급 프랑스어를 완성할 수 있답니다!

4. 헷갈리는 철자, 비슷한 듯 다른 어휘, 복잡한 패턴의 사용법... 이 모든 것을 확실하게 짚고 넘어갈 수 있는 문제와 정답풀이를 **풀어보기** 코너에 준비했습니다.

5. **간단 회화 코너**로 배우는 프랑스어 다운 프랑스어! 간단하지만 자연스러운 대화문을 통해 '진짜' 프랑스어를 익힐 수 있습니다.

7가지 상황 속에서 10마디씩 배우는 학습방법

STEP 1

프랑스어를 배우기 위해 꼭 필요한 내용을 준비했습니다. 엘로디쌤의 쉽고 재밌는 무료 강의로 프랑스어 알파벳과 발음, 명사의 성별을 배워봅시다!

---

01 저는 폴입니다.

• 영어의 be동사에 해당하는 프랑스어 être 동사를 통해 자기소개를 해볼까요?

🔊 회화 톡!

A : **Bonjour, je suis Paul.**

STEP 2

학습 목표를 통해 각 과에서 배우게 될 패턴의 소개와 사용법을 확인할 수 있습니다.

STEP 3

원어민 음성 MP3 파일로 패턴별 대화문을 먼저 들어본 후에 글자를 눈으로 보면서 따라 읽어봅시다.

A : **Bonjour, je suis Paul.**
봉쥬흐 주 쓰위 뽈
안녕하세요? 저는 폴입니다.

B : **Bonjour, Paul.**
봉쥬흐 뽈
안녕하세요, 폴.

B : **Moi, je suis Emma.**
무와 주 쓰위 에마

📖 더 알아보기

Être 동사의 활용

Être 동사만 알면 자신의 이름과 직업을 소개할 수 있어요.
• **Je suis + 이름**   저는 (이름)입니다.
• **Je suis + 직업**   저는 (직업)입니다.
직업을 말할 때에는 관사 없이 바로 직업을 나타내는 명사를 붙여줍니다.

STEP 4

더 알아보기 코너는 패턴 사용에 필요한 문법이나 추가적인 어휘 및 표현에 대한 설명을 제공합니다.

STEP 5

연습하기 코너 속 다양한 응용 문장을 통해 패턴과 금세 친해질 수 있습니다.

> **연습하기**
>
> » Je suis Alain Dubois.
> 주 쓰위 알랑 듀보아
> 저는 알랑 듀보아입니다.

STEP 6

따라하기 코너에서는 다채로운 응용 문장을 만나볼 수 있습니다. 특히 발음에 주의해서 문장을 따라 읽어봅시다.

> **따라하기** 이제 원어민 음성을 듣고, 함께 따라 해봅시다!
>
> 01 저는 장 끌로드입니다.
> 🔊 Je suis Jean-claude.
>
> 02 저는 줄리입니다.
> 🔊 Je suis Julie.

> **단어장**
>
> Employé / employée (직장인) | Musicien / musicienne (음악가) | Étudiant / étudiante (학생) | Écrivain / écrivaine (작가) | Banquier / banquière (은행원)

STEP 7

초급 단계에 꼭 필요한 주요 어휘는 단어장 코너를 통해 한눈에 확인하고 암기할 수 있습니다.

> **풀어보기** 다음 빈칸에 들어갈 알맞은 말을 모두 고르세요!
>
> 01 저는 리나예요.
> _____ Lina.
> a) Je sui   b) Je suis   c) Je   d) Suis
>
> 02 저는 직장인입니다.

STEP 8

패턴을 잘 이해했는지, 헷갈리는 부분은 없는지 확인하는 단계입니다. 문제를 꼼꼼히 풀어주세요!

STEP 9

문제별 정답을 맞춰보고, 틀렸다면 왜 틀렸는지 풀이 내용을 확인해봅니다. 한 번 틀린 문제는 더 기억에 잘 남는 거 아시죠?

> **정답**
>
> 01. b) 주어와 동사를 빼먹지 않고 모두 넣어서 Je suis로 채워주시면 되겠죠?
> 02. a, c) '직장인'은 employé, 여성일 경우 e를 추가해서 employée입니다.
> 03. c, d) 남성일 경우 발음이 나지 않는 t도 까먹지 않게 철자를 확인해주세요!
> 04. a, d) k와 q 발음이 비슷하다고 헷갈리지 마세요!
> 05. b) ère와 aire 발음이 비슷하다고 헷갈리지 마세요!

> **간단 회화** 첫 만남에서   [동영상 강의]
>
> A: **Bonsoir, comment tu t'appelles ?**
>   봉쓰와흐, 꼬멍 뜌 따뻴
>
> B: **Je m'appelle Laura. Et toi ?**
>   주 마뻴 로하 에 뚜아
>
> A: **Moi, je suis Paul. Enchanté.**
>   무와 주 쓰위 뿔 엉셩떼

STEP 10

7개의 간단 회화 코너를 준비했습니다. 상황별 대화문으로 일상에서 활용도 높은 다양한 표현을 무료 강의와 함께 익혀봅시다!

목차

INTRO 기초

PARTIE 01   나에 대한 10마디

PARTIE 04 　길에서 10마디

PARTIE 05 　쇼핑할 때 10마디

PARTIE 06 생각 10마디

PARTIE 07 마음 10마디

INTRO
기초

동영상
강의

A —— 알파벳 L'alphabet

프랑스어 기본 알파벳 26자는 자음 20개, 모음 6개로 구성되어 있어요.

A [a]	B [be]	C [se]	D [de]	E [ə]
F [ɛf]	G [ʒe]	H [aʃ]	I [i]	J [ʒi]
K [ka]	L [ɛl]	M [ɛm]	N [ɛn]	O [o]
P [pe]	Q [ky]	R [ɛʁ]	S [ɛs]	T [te]
U [y]	V [ve]	W [dublave]	X [iks]	Y [igʁɛk]
Z [zɛd]				

그 외에 5종류의 철자 부호도 있답니다.

´	accent aigu [악성 떼귀]	é
`	accent grave [악성 그하브]	à, è, ù
^	accent circonflexe [악성 씨흐꽁플렉스]	â, ê, î, ô, û
¨	tréma [트헤마]	ë, ï, ü
،	cédille [쎄디-]	ç

B —— 발음 La prononciation

발음 기호를 익히면 더욱 정확한 발음이 가능하지만, 발음 기호 자체가 어렵게 느껴질 수 있기 때문에 이 교재에서는 간단하게 한글 발음 표기로 프랑스어 발음을 익혀보려고 해요.

	자음의 발음	
b	[ㅂ]	ㅂ 발음보다는 영어의 b 발음과 같은 소리 bonbon [봉봉] (사탕), banane [바난-] (바나나)
c	[ㄲ]	뒤에 자음이나 모음 a, o, u가 오는 경우 café [까페] (커피, 카페), coréen [꼬헤앙] (한국인), curiosité [뀨히오지떼] (호기심)
	[ㅆ]	모음 e, i, y가 오는 경우 ceci [쓰씨] (이것), cycliste [씨끌리쓰뜨] (사이클 선수)
d	[ㄷ]	danse [덩쓰] (춤), demain [드망] (내일)
f	[ㅍ]	ㅍ 발음보다는 영어의 f 발음과 같은 소리 fête [페뜨] (파티), famille [파미-] (가족)

g	[ㄱ]	gomme [곰-] (지우개), garçon [갸흐쏭] (남자아이)
	[ㅈ]	gentil [정띠] (착한), gilet [질레] (가디건)
h	[ㅇ]	homme [옴-] (인간, 남자), hiver [이베흐] (겨울)
j	[ㅈ]	joli [졸리] (예쁜), jouet [주에] (장난감)
k	[ㄲ]	kilomètre [낄로메트흐] (킬로미터), kaki [까끼] (카키색)
l	[ㄹ]	légume [레귬] (야채), long [롱] (긴)
m	[ㅁ]	maison [메종] (집), maman [마멍] (엄마)
n	[ㄴ]	nouveau [누보] (새로운), nature [나뛰흐] (자연)
p	[ㅃ]	pantalon [뻥딸롱] (바지), papa [빠빠] (아빠)
q	[ㄲ]	question [께쓰띠옹] (질문), quoi [꾸와] (무엇을)
r	[ㅎ]	rendez-vous [헝데부] (약속), roman [호멍] (소설)
s	[ㅆ]	supermarché [쓔뻬흐마흐쉐] (슈퍼마켓), sac [쌱-] (가방)
	[ㅈ]	모음 사이에 위치한 s의 경우 raison [헤종] (이유), fraise [프헤즈] (딸기)
t	[ㄸ]	temps [떵] (시간), table [따블르] (테이블)
	[ㅆ]	i+모음이 뒤따르는 경우 information [앙포흐마씨옹] (정보), acrobatie [아크호바씨] (곡예)
v	[ㅂ]	ㅂ 발음보다는 영어의 v 발음과 같은 소리 voiture [브와뛰흐] (자동차), vacances [바껑쓰] (방학)
w	[ㅇ]	week-end [위깬드] (주말)
	[ㅂ]	wagon [바공] (객차)
x	[ㅋㅆ]	explication [엑쓰쁠리꺄씨옹] (설명)
	[ㄱㅈ]	exercice [에그제흐씨쓰] (연습)
	[ㅆ]	six [씨쓰] (6)
	[ㅈ]	dixième [디지엠] (열 번째)
z	[ㅈ]	ㅈ 발음보다는 영어의 z 발음과 같은 소리 zéro [제호] (0), zone [존] (구역)

모음의 발음			
a		[아]	ami [아미] (친구)
e		[으]	te [뜨] (너에게, 너를)
i/y		[이]	bicyclette [비씨끌레뜨] (자전거)
o		[오]	orange [오헝쥬] (오렌지)
u		[유]~[위]	usine [유진] (공장)
a	+m / n	[엉]	lampe [렁쁘] (램프), cantine [껑띤] (구내식당)
e		[엉]	embrasser [엉브하쎄] (포옹하다), enfant [엉펑] (어린이)
i/y		[앙]	important [앙뽀흐떵] (중요한), injuste [앙쥬쓰뜨] (불공평한)
o		[옹]	ombre [옹브흐] (그림자), onze [옹즈] (11)
u		[앙]~[앵]	parfum [파흐팡] (향수), un [앙] (1)
il / ill / i+모음		[이-]	soleil [쏠레이-] (태양), abeille [아베이-] (꿀벌)
oi		[우와]	boisson [부와쏭] (음료수)
ai / ei		[에]	lait [레] (우유), reine [헨느] (왕비)
au / eau		[오]	aussi [오씨] (또), château [샤또] (성)
eu / œu		[외]	heureux [외회] (행복한), vœux [뵈] (소원)
ou		[우]	tout [뚜] (모든)

C —— 남성 / 여성 Masculin ou féminin ?

프랑스어에서 자동차는 여자이고, 모자는 남자인 사실 알고 계셨나요? 이처럼 명사마다 성별이 정해져 있답니다. 사람을 나타내는 명사일 경우, 그 사람의 성별과 명사의 성별이 동일하답니다.

남성 명사	여성 명사
homme (남자)	femme (여자)
garçon (남자 아이)	fille (여자 아이)
oncle (삼촌)	tante (이모)

동일한 명사를 사용하는 경우에는 뒤에 'e'를 붙여서 여성 명사로 만들어줍니다!

남성 명사	여성 명사
ami (남자인 친구)	amie (여자인 친구)
étudiant (남자 대학생)	étudiante (여자 대학생)
employé (남자 직장인)	employée (여자 직장인)

모든 명사에 이렇게 'e'만 붙여서 여성 명사로 만들면 너무나 좋겠지만, 예외가 있어요! 몇 가지만 살펴 볼게요.

남성 명사	여성 명사
policier (남자 경찰)	policière (여자 경찰)
acteur (남자 배우)	actrice (여자 배우)
coiffeur (남자 미용사)	coiffeuse (여자 미용사)

그 외에 'e'로 끝나는 명사들의 경우 동일한 명사로 남성, 여성 모두를 지칭할 수 있습니다. 이럴 때는 관사를 통해서 남성인지 여성인지 알 수 있어요.

남성 명사	여성 명사
un photographe (남자 사진사)	**une** photographe (여자 사진사)
un élève (남학생)	**une** élève (여학생)

특정 개념이나 사물을 나타내는 명사는 성별이 그때그때 달라요. 그러면 어떻게 명사의 성별을 구별할 수 있을까요? 물론 예외가 있긴 하지만 그래도 명사의 어미를 보면 어느 정도 명사의 성별을 구분할 수 있답니다!

남성 명사 어미	-isme / -asme	journalisme (저널리즘), enthousiasme (열정)
	-ment	appartement (아파트)
	-age	mariage (결혼)
	-phone	téléphone (전화)
	-at / -ât	débat (토론), dégât (난장판)
	-scope	microscope (현미경)
	-teur	ordinateur (컴퓨터)
	-al	festival (축제)
	-eau / -au / -aud / -o / -ot	chapeau (모자), tuyau (파이프), costaud (힘센 사람), piano (피아노), mot (단어)
	-ard / -art / -are / -ar	renard (여우), écart (차이), phare (등대), hangar (창고)
여성 명사 어미	-té	beauté (아름다움)
	-ion	action (행동)
	-eur	fleur (꽃)
	-oi / -oie / -oix	loi (법), joie (기쁨), croix (십자가)
	-esse / -asse	vitesse (속도), terrasse (테라스)
	-ette / -otte	chaussette (양말), carotte (당근)
	-elle	poubelle (휴지통)
	-ence / -ance	absence (결석), balance (저울)
	-aise / -ise	fraise (딸기), crise (위기)
	-ade / -ude	limonade (레몬에이드), certitude (확신)

D—— 단수 / 복수 Singulier ou pluriel ?

남성 명사를 여성 명사로 만들 때에 뒤에 'e'를 붙여줬다면, 단수인 명사가 복수가 될 때에는 뒤에 's'를 붙여줍니다.

- personne (사람) → personnes (사람들)

- stylo (볼펜) → stylos (볼펜들)

- chat (고양이) → chats (고양이들)

예외인 경우도 살펴봅시다!

단수 형태	복수 형태	예시
-al	-aux	animal (동물) -> animaux (동물들)
-au		noyau (씨) -> noyaux (씨들)
-eau	+ x	bureau (책상) -> bureaux (책상들)
-eu		jeu (놀이) -> jeux (놀이들)
-s		pays (나라) -> pays (나라들)
-x	동일함	choix (선택) -> choix (선택들)
-z		gaz (가스) -> gaz (가스들)

형용사도 명사와 마찬가지로 남성과 여성이 있고 단수와 복수가 있는데, 프랑스어에서는 늘 관사 + 명사 + 형용사의 성과 수를 일치시켜주어야 합니다. 이를 '성수 일치 법칙'이라고 부릅니다.

Ⓔ── 관사 Les articles

	부정관사		정관사	
	단수	복수	단수	복수
남성	un	des	le	les
여성	une	des	la	les

부정관사와 정관사의 차이가 헷갈리나요? 각각의 사용법은 다음과 같아요 :

• 부정관사 (영어의 a/an) – 말 그대로 정해지지 않은 대상에 쓰입니다. 따라서 처음 등장하거나 특정하지 않을 때 사용됩니다.

un livre (책 한 권)   des livres (몇 권의 책)

• 정관사 (영어의 the) – 정해진 대상에 쓰입니다. 따라서 이미 언급되어서 알고 있거나 또는 통칭할 때 사용됩니다.

le livre (그 책 또는 '책'을 통칭)   les livres (그 책들 또는 '책들'을 통칭)

F ── 인칭 대명사 Les pronoms personnels

	단수		복수	
1인칭	나	Je	우리들	Nous
2인칭	너	Tu	당신 / 당신들 너희들	Vous
3인칭	그 / 그녀 / 우리	Il / Elle / On	그들 / 그녀들	Ils Elles

*프랑스어에 우리말처럼 반말과 존댓말이 있는 것은 아니지만 2인칭 단수 'Tu' 대신에 'Tu'의 존칭 역할을 해주는 'Vous'를 사용해서 더욱 정중하게 말할 수 있습니다.

Ex Tu vas bien ? (잘 지내?)　　　　→　　　　Vous allez bien ? (잘 지내시나요?)

E ── 동사 변화 La conjugaison des verbes

프랑스어의 동사는 1군, 2군, 3군, 총 3개의 그룹으로 나뉩니다. 모든 동사는 주어의 인칭에 따라 변화하는데 이때 1군 동사와 2군 동사는 변화 형태가 규칙적이고 3군 동사는 변화 형태가 다양하게 나타납니다.

1군 동사 (규칙적 변화)	-er 로 끝나는 동사	chanter (노래하다) manger (먹다) parler (말하다) …	Je chante Tu chantes Il/elle/on chante Nous chantons Vous chantez Ils/elles chantent
2군 동사 (규칙적 변화)	-ir 로 끝나는 동사	finir (마치다) réussir (성공하다) grandir (자라다) …	Je finis Tu finis Il/elle/on finit Nous finissons Vous finissez Ils/elles finissent
3군 동사 (불규칙 변화)	그 외에 다양한 어미로 끝나는 동사	prendre (잡다) savoir (알다) venir (오다) …	Je prends Tu prends Il/elle/on prend Nous prenons Vous prenez Ils/elles prennent

H —— 숫자 Les nombres

0	zéro	20	**vingt**	70	**soixante-dix**
1	un	21	vingt et un	77	soixante-dix-sept
2	deux	22	vingt-deux	78	soixante-dix-huit
3	trois	23	vingt-trois	79	soixante-dix-neuf
4	quatre	30	**trente**	80	**quatre-vingts**
5	cinq	34	trente-quatre	81	quatre-vingt-un
6	six	35	trente-cinq	82	quatre-vingt-deux
7	sept	36	trente-six	83	quatre-vingt-trois
8	huit	40	**quarante**	90	**quatre-vingt-dix**
9	neuf	47	quarante-sept	91	quatre-vingt-onze
10	**dix**	48	quarante-huit	92	quatre-vingt-douze
11	onze	49	quarante-neuf	93	quatre-vingt-treize
12	douze	50	**cinquante**	100	**cent**
13	treize	51	cinquante et un	104	cent quatre
14	quatorze	52	cinquante-deux	105	cent cinq
15	quinze	53	cinquante-trois	106	cent six
16	seize	60	**soixante**	200	**deux cents**
17	dix-sept	64	soixante-quatre	207	deux cent sept
18	dix-huit	65	soixante-cinq	1,000	**mille**
19	dix-neuf	66	soixante-six	10,000	**dix mille**

I — 월 Les mois / 요일 Les jours de la semaine / 계절 Les saisons

월					
1월	2월	3월	4월	5월	6월
janvier	février	mars	avril	mai	juin
7월	8월	9월	10월	11월	12월
juillet	août	septembre	octobre	novembre	décembre

요일						
월	화	수	목	금	토	일
lundi	mardi	mercredi	jeudi	vendredi	samedi	dimanche

계절			
봄	여름	가을	겨울
le printemps	l'été	l'automne	l'hiver

PARTIE
01

나에 대한 10마디

MP3

O1 저는 폴입니다.

• 영어의 be동사에 해당하는 프랑스어 être 동사를 통해 자기소개를 해볼까요?

 회화 톡!

A : **Bonjour, je suis Paul.**

봉쥬흐 주 쓰위 뽈

안녕하세요? 저는 폴입니다.

B : **Bonjour, Paul.**

봉쥬흐 뽈

안녕하세요. 폴.

B : **Moi, je suis Emma.**

무와 주 쓰위 에마

저는 에마입니다.

A : **Enchanté, Emma.**

엉셩떼 에마

반가워요. 에마.

 더 알아보기

Être 동사의 활용

Être 동사만 알면 자신의 이름과 직업을 소개할 수 있어요.
• Je suis + 이름   저는 (이름)입니다.
• Je suis + 직업   저는 (직업)입니다.
직업을 말할 때에는 관사 없이 바로 직업을 나타내는 명사를 붙여줍니다.

다른 누군가를 소개할 때에도 마찬가지로 être동사를 사용하면 된답니다.
• Il est + 이름   그는 (이름)입니다.
• Elle est + 직업   그녀는 (직업)입니다.

» **Je suis Alain Dubois.**

주 쓰위 알랑 듀보아

저는 알랑 듀보아입니다.

» **Je suis Eva Lebrun.**

주 쓰위 에바 르브항

저는 에바 르뷔랭입니다.

» **Je suis professeur.** ♂♀

주 쓰위 프호페쒸흐

저는 교수입니다.

» **Je suis vétérinaire.** ♂♀

주 쓰위 베떼히네흐

저는 수의사입니다.

» **Je suis coiffeur.** ♂

주 쓰위 꾸와풔흐

저는 미용사입니다.

» **Je suis coiffeuse.** ♀

주 쓰위 꾸와풔즈

저는 미용사입니다.

단어장

Professeur (교수, 선생님) | Vétérinaire (수의사) | Coiffeur / coiffeuse (미용사)

01 저는 장 끌로드입니다.

🔊 **Je suis Jean-claude.**

02 저는 줄리입니다.

🔊 **Je suis Julie.**

03 저는 직장인입니다.

🔊 **Je suis employé.** ♂

04 저는 음악가입니다.

🔊 **Je suis musicienne.** ♀

05 저는 학생입니다.

🔊 **Je suis étudiant.** ♂

06 저는 작가입니다.

🔊 **Je suis écrivaine.** ♀

07 저는 배우입니다.

🔊 **Je suis acteur.** ♂

08 저는 은행원입니다.

🔊 **Je suis banquier.** ♂

단어장

Employé / employée (직장인) | Musicien / musicienne (음악가) | Étudiant / étudiante (학생) | Écrivain / écrivaine (작가) | Banquier / banquière (은행원)

다음 빈칸에 들어갈 알맞은 말을 모두 고르세요!

01 저는 리나예요.

_____ Lina.

   a) Je sui   b) Je suis   c) Je   d) Suis

02 저는 직장인입니다.

Je suis _____.

   a) employé   b) journaliste   c) employée   d) employeuse

03 저는 학생입니다.

Je suis _____.

   a) étudian   b) estudiant   c) étudiant   d) étudiante

04 저는 은행원입니다.

Je suis _____.

   a) banquier   b) bankier   c) bancier   d) banquière

05 저는 수의사입니다.

Je suis _____.

   a) vétérinère   b) vétérinaire   c) vétérien   d) vétérineur

---

정답

01. b)   주어와 동사를 빼먹지 않고 모두 넣어서 Je suis로 채워주시면 되겠죠?

02. a, c)   '직장인'은 employé, 여성일 경우 e를 추가해서 employée입니다.

03. c, d)   남성일 경우 발음이 나지 않는 t도 까먹지 않게 철자를 확인해주세요!

04. a, d)   k와 q 발음이 비슷하다고 헷갈리지 마세요!

05. b)   ère와 aire 발음이 비슷하다고 헷갈리지 마세요!

저는 한국인이에요.

• 앞에서 이름과 직업을 말해보았다면 이번에는 Je suis 뒤에 형용사를 붙여서 국적, 외모, 성격 등을 묘사해 봅시다!

회화 톡!

A : **Je suis coréen, et toi ?**

주 쓰위 꼬헤앙, 에 뚜아?

저는 한국인이에요, 당신은요?

B : **Moi, je suis française.**

무와 주 쓰위 프헝쎄즈

저는 프랑스인이에요.

A : **Je suis grand et optimiste.**

주 쓰위 그헝 에 옵띠미스뜨

저는 키가 크고, 긍정적이에요.

B : **Je suis souriante mais timide.**

주 쓰위 쑤히엉뜨 메 띠믿

저는 잘 웃지만, 소심해요.

더 알아보기

01 coréen [꼬헤앙] / coréenne [꼬헤옌]   français [프헝쎄] / française [프헝쎄즈]

grand [그헝] / grande [그헝드]   optimiste / optimiste [옵띠미스뜨]

souriant [쑤히엉] / souriante [쑤히엉뜨]   timide / timide [띠미드]

명사와 마찬가지로 형용사에도 남성과 여성이 있답니다. 주로 여성일 때 끝에 'e'를 붙여주면 된답니다! 단, 예외도 있으니 다양한 형용사를 접해보며 익숙해지는 것이 중요해요.

02 et [에] = and (그리고)   mais [메] = but (그러나)

이 짧은 두 개의 단어만 알아도 훨씬 풍부한 표현을 할 수 있겠죠?

연습하기

» **Je suis anglais et j'habite à Londres.** ♂
주 쓰위-졍글레 에 쟈비-따 롱드흐
저는 영국인이고, 런던에 살아요.

» **Je suis anglaise mais j'habite à Paris.** ♀
주 쓰위-졍글레즈 메 쟈비-따 빠히
저는 영국인이지만, 파리에 살아요.

» **Je suis américain et j'habite à Los Angeles.** ♂
주 쓰위-자메히깡 에 쟈비-따 로쓰 엔젤레스
저는 미국인이고, LA에 살아요.

» **Je suis américaine mais j'habite à Marseille.** ♀
주 쓰위-자메히껜 메 쟈비-따 마흐쎄이
저는 미국인이지만, 마르세유에 살아요.

» **Je suis belge et j'habite à Bruxelles.** ♂♀
주 쓰위 벨즈 에 쟈비-따 브훅쎌
저는 벨기에인이고, 브뤼셀에 살아요.

» **Je suis espagnol et j'habite à Barcelone.** ♂
주 쓰위-제쓰빠뇰 에 쟈비-따 바흐쎌론
저는 스페인인이고, 바로셀로나에 살아요.

» **Je suis espagnole mais j'habite à Lyon.** ♀
주 쓰위-제쓰빠뇰 메 쟈비-따 리옹
저는 스페인인이지만, 리옹에 살아요.

따라하기 이제 원어민 음성을 듣고, 함께 따라 해봅시다!

01 그는 갈색 머리예요.

🔊 **Il est brun.**

02 그녀는 갈색 머리예요.

🔊 **Elle est brune.**

03 그는 키가 커요.

🔊 **Il est grand.**

04 그녀는 키가 커요.

🔊 **Elle est grande.**

05 저는 키가 작아요.

🔊 **Je suis petit.** ♂

06 저는 키가 작아요.

🔊 **Je suis petite.** ♀

07 제 남동생은 외향적이에요.

🔊 **Mon frère est extraverti.**

08 제 여동생은 마음이 넓어요.

🔊 **Ma sœur est généreuse.**

단어장

brun / brune (갈색 머리인) │ grand / grande (큰) │ petit / petite (작은) │ extraverti / extravertie (외향적인) │ introverti / introvertie (내성적인) │ mon / ma (저의, 제) │ frère (남동생, 형, 오빠) │ sœur (여동생, 누나, 언니) │ généreux / généreuse (너그러운)

다음 빈칸에 들어갈 알맞은 말을 모두 고르세요!

01 저는 한국인이에요, 당신은요?

Je suis _____, et toi ?

a) coréen   b) koréen   c) coréenne   d) coréene

02 그녀는 스페인인이지만, 파리에 살아요.

Elle est _____ ____ elle habite à Paris.

a) espanole, mais   b) espagnole, mais   c) espagnole, et   d) espagnol, et

03 제 남동생은 키가 크고, 갈색 머리예요.

Mon frère est _____ et _____.

a) grand, brune   b) petite, brun   c) petit, grand   d) grand, brun

04 그는 잘 웃고, 외향적이에요.

Il est _____ et _____.

a) souriant, extraverti   b) souriante, timide

c) souriant, généreux   d) souriante, généreuse

05 저는 서울에 살지만, 프랑스인이에요.

J'habite à Séoul ____ je suis _____.

a) et, français   b) mais, francais   c) mais, française   d) et, france

정답

01. a, c) coréen이 여성형으로 변할 때 n이 2개라는 사실을 잊지 마세요!
02. b)   발음은 같지만 여성일 때 'e'가 들어갑니다.
03. d)   주어가 남성일 때 주어를 수식해주는 모든 형용사도 남성으로, 아시죠?
04. a)   새롭게 배운 형용사의 뜻을 잘 숙지했는지 확인해보세요!
05. c)   français(e)의 철자에 주의하세요!

저는 프랑스어를 배우러 왔어요.

• Je suis 뒤에 명사와 형용사를 붙이는 표현들을 앞서 배워보았죠? 이번에는 Je suis là pour + (동사) 패턴을 배워볼 건데요, 주로 내가 어떤 곳에 온 목적을 이야기할 때 사용합니다.

회화 톡!

A : **Pourquoi vous êtes à Paris ?**

뿌흐꽈 부 제뜨 아 빠히

파리에 왜 오셨나요?

B : **Je suis là pour apprendre le français.**

주 쓰윌-라 뿌흐 아프헝드흐 르 프헝쎄

저는 프랑스어를 배우러 왔어요.

A : **Pourquoi vous êtes dans mon bureau ?**

뿌흐꽈 부 제뜨 덩 몽 뷰호

제 사무실에 왜 방문하셨나요?

B : **Je suis là pour demander une faveur.**

주 쓰윌-라 뿌흐 드멍데 윈 파뵈흐

부탁 좀 드리려고 왔어요.

더 알아보기

à l'aéroport 공항에   à la gare 기차역에   à l'école   학교에

이처럼 큰 규모의 장소 앞에 à를 사용하는 것이 일반적입니다.

dans la voiture 자동차에   dans l'avion 비행기에   dans le bureau 사무실에

규모가 더 작은 장소 또는 닫힌 장소는 주로 dans과 함께 사용한답니다.

» **Je suis là pour goûter la gastronomie française.**

주 쓰윌-라 뿌흐 구떼 라 가스트호노미 프헝쎄즈

저는 프랑스 요리를 맛보려고 왔어요.

» **Je suis là pour te faire plaisir.**

주 쓰윌-라 뿌흐 뜨 페흐 쁠레지흐

널 기쁘게 해주려고 왔어.

» **Je suis là pour vous aider.**

주 쓰윌-라 뿌흐 부 제데

당신을 도와주러 왔어요.

» **Je suis là pour regarder un film.**

주 쓰윌-라 뿌흐 흐갸흐데 앙 필므

영화를 보러 왔어요.

» **Je suis là pour poser une question.**

주 쓰윌-라 뿌흐 뽀제 윈 께쓰띠옹

질문을 하러 왔어요.

» **Je suis là pour prendre des photos.**

주 쓰윌-라 뿌흐 프헝드흐 데 포토

사진을 찍으러 왔어요.

01 의사 선생님을 뵈러 왔어요.

🔊 **Je suis là pour voir le médecin.**

02 여행하기 위해 왔어요.

🔊 **Je suis là pour voyager.**

03 피자를 먹으러 왔어요.

🔊 **Je suis là pour manger une pizza.**

04 에어컨을 수리하러 왔어요.

🔊 **Je suis là pour réparer le climatiseur.**

05 열쇠를 찾으러 왔어요.

🔊 **Je suis là pour chercher les clés.**

06 아이들을 데려다주러 왔어요.

🔊 **Je suis là pour accompagner mes enfants.**

07 너에게 서프라이즈를 하러 왔어.

🔊 **Je suis là pour te faire une surprise.**

08 회의에 참석하기 위해 왔어요.

🔊 **Je suis là pour assister à une réunion.**

단어장

voir (보다) | médecin (의사) | voyager (여행하다) | manger (먹다) | pizza (피자) | réparer (고치다) | climatiseur (에어컨) | chercher (찾다) | clé (열쇠) | accompagner (동행하다, 동반하다) | enfant (아이, 어린이) | faire (하다) | surprise (서프라이즈) | assister (참석하다) | réunion (회의)

다음 빈칸에 들어갈 알맞은 말을 모두 고르세요!

01   저는 프랑스어를 배우러 왔어요.

_____ pour apprendre le français.

a) Je suis la pour   b) Vous êtes là pour
c) Je là suis pour   d) Je suis là pour

02   저는 아이들과 여행하러 왔어요.

Je suis là pour _____ avec mes enfants.

a) voyajer   b) voyagere   c) voyager   d) vowager

03   당신을 도와주러 왔어요.

Je suis là pour _____ _____.

a) vous, aider   b) tu, aider   c) vous, helper   d) vous, iader

04   저는 영상을 찍으러 왔어요.

Je suis là pour _____ des vidéos.

a) regarder   b) prendre   c) voir   d) réparer

05   당신은 왜 제주도에 오셨나요?

_____ vous êtes à Jeju ?

a) pouquoi   b) pourkoi   c) pourqoi   d) pourquoi

정답

01. d)   là의 철자에 주의하세요!
02. c)   '여행하다'의 동사 원형을 정확하게 기억해주세요!
03. a)   '너'와 '당신'의 차이 아시죠?
04. b)   사진을 찍다, 동영상을 찍다 할 때 모두 prendre(take) 동사를 사용한답니다!
05. d)   pourquoi의 정확한 철자를 기억해주세요!

저는 32살이에요.

• 패턴 배우기 이번에는 영어의 to have 동사에 해당하는 avoir 동사를 배워보겠습니다!
프랑스어로는 자신의 나이를 소개할 때 이 avoir 동사를 사용한답니다. 함께 볼까요?

회화 톡!

A : **Quel âge avez-vous ?**

껠 아쥬 아베 부

나이가 어떻게 되세요?

B : **J'ai 32 ans.**

줴 트헝 두 정

저는 32살이에요.

A : **J'ai 28 ans, et toi ?**

줴 뱅뜨위떵 에 뚜아

난 28살인데, 넌 몇 살이야?

B : **Moi aussi, j'ai 28 ans.**

므와 오씨 줴 뱅뜨위떵

나도 28살이야.

더 알아보기

Avoir 동사의 활용

• J'ai + (나이)   ~살이에요.

• J'ai + (명사)   저는 ~ 이/가 있어요.

» **J'ai 35 ans.**
쥐 트헝 쌩-껑
저는 35살이에요.

» **Ce week-end, j'ai une réunion de famille.**
쓰 위껜드 쥐 윈 헤위니옹 드 파미으
이번 주말에 가족 모임이 있어요.

» **J'ai un rendez-vous à 11 heures.**
쥐 앙 헝데부 아 옹-죄흐
11시에 약속이 있어요.

» **J'ai un chien et un chat.**
쥐 앙 쉬앙 에 앙 샤
저는 강아지 한 마리와 고양이 한 마리를 키워요.

» **J'ai un grand-frère, il a 30 ans.**
쥐 앙 그헝 프헤흐 일-라 트헝-떵
저는 형(오빠)이 한 명 있어요, 그는 서른 살이에요.

» **J'ai une montre connectée.**
쥐 윈 몽트흐 꼬넥떼
저는 스마트 워치가 있어요.

이제 원어민 음성을 듣고, 함께 따라 해봅시다!

01 저는 40살이고, 아내는 38살입니다.

🔊 J'ai **40 ans et ma femme a 38 ans.**

02 저는 회색 자동차가 한 대 있습니다.

🔊 J'ai **une voiture grise.**

03 저는 강남에 건물이 한 채 있습니다.

🔊 J'ai **un immeuble à Gangnam.**

04 제게 구체적인 계획이 하나 있습니다.

🔊 J'ai **un plan concret.**

05 저는 늘 좋은 아이디어가 있습니다.

🔊 J'ai **toujours une bonne idée.**

06 저는 책이 아주 많습니다.

🔊 J'ai **beaucoup de livres.**

07 저는 친구가 몇 명 있습니다.

🔊 J'ai **quelques amis.**

08 저는 그의 연락처를 갖고있습니다.

🔊 J'ai **ses coordonnées.**

단어장

femme (여자, 여성, 아내) | voiture (자동차) | gris / grise (회색의) | immeuble (건물) |
plan (계획) | concret / concrète (구체적인) | bon / bonne (좋은) | idée (아이디어, 생각) |
beaucoup (많이) | livre (책) | quelques (조금, 몇) | ami (친구) | coordonnées (연락처 / *
복수형)

다음 빈칸에 들어갈 알맞은 말을 모두 고르세요!

01 나이가 어떻게 되세요?

Quel âge _____ ?

a) avez vous   b) avez-vous   c) avéz-vous   d) avez-vou

02 저는 35살이에요.

_____ 35 ans.

a) J'ai   b) Jé   c) Jai   d) Ja'i

03 저는 회색 건물이 한 채 있습니다.

J'ai un _____ _____.

a) immeuble, grise   b) immeuble, concret   c) immeuble, gris   d) imeuble, gris

04 저는 약속이 있습니다.

J'ai _____.

a) une rendez-vous   b) un rendez-vous   c) un appointement   d) rendez-vous

05 저는 강아지를 한 마리 키웁니다.

J'ai _____.

a) un chien   b) un chat   c) une chien   d) une chat

정답

- 01. b)   정확한 철자와 질문 도치형을 기억해주세요!
- 02. a)   주어 Je와 동사 ai가 만나서 j'ai랍니다.
- 03. c)   건물을 뜻하는 immeuble는 남성형입니다. 형용사를 일치시키면 gris가 되겠죠?
- 04. b)   j'ai 다음에 명사를 넣어줄 때에는 관사와 함께 넣어주세요!
- 05. a)   강아지는 chien, 고양이는 chat 입니다. 암컷일 경우에는 une chienne, une chatte로 변형되니 주의해주세요!

05 저는 배가 고파요.

- avoir는 활용범위가 매우 넓은 동사예요! 나이나 소유를 이야기할 때뿐만 아니라 기분이나 상태 그리고 의견을 표현할 때도 avoir를 활용한답니다. 이번 과에서는 avoir를 활용한 관용 표현 위주로 살펴볼게요.

 회화 톡!

A : **J'ai faim, et vous ?**

쉐 팡 에 부

저는 배가 고파요, 당신은요?

B : **Moi aussi, j'ai trop faim.**

므와 오씨, 쉐 트호 팡

네, 저도 너무 배고프네요.

A : **Vous avez froid ?**

부-쟈베 프호와

추우세요?

B : **Non, au contraire, j'ai un peu chaud.**

농 오 꽁트헤흐 쉐 앙 쀠 쑈

아뇨, 오히려 조금 덥습니다.

더 알아보기

기분이나 상태를 표현할 때

J'ai + faim 배고프다	J'ai + soif 목이 마르다	J'ai + chaud 덥다
J'ai + froid 춥다	J'ai + sommeil 졸리다	J'ai + peur 무섭다

정도를 나타내는 표현

un peu 조금	beaucoup 많이
trop 너무	toujours 늘, 항상

» **J'ai beaucoup soif.**

줴 보꾸 쑤와프

저는 목이 많이 말라요.

» **J'ai toujours faim.**

줴 뚜주흐 팡

저는 늘 배가 고파요.

» **J'ai un peu chaud avec ce manteau.**

줴 앙 쁘 쑈 아베끄 쓰 멍또

이 외투를 입으니 조금 더워요.

» **Sans chaussettes, j'ai froid.**

썽 쑈쎄뜨 줴 프호와

양말을 안 신으면, 추워요.

» **J'ai toujours sommeil vers 23 heures.**

줴 뚜주흐 쏨메이 베흐 뱅트화-죄흐

저는 늘 밤 11시쯤 잠이 와요.

» **J'ai trop peur des abeilles.**

줴 트호 뾔흐 데-쟈베이

저는 벌이 너무 무서워요.

01 저는 당신이 필요해요.

🔊 J'ai **besoin de vous.**

02 제가 이 말을 하는 것은 옳아요.

🔊 J'ai **raison de dire ça.**

03 여러분과 함께하게 된 것은 행운입니다.

🔊 J'ai **de la chance d'être parmi vous.**

04 가끔 당신이 틀릴 때도 있지요.

🔊 **Parfois vous avez tort.**

05 나는 널 믿어.

🔊 J'ai **confiance en toi.**

06 저는 이 노래를 듣는 게 익숙합니다.

🔊 J'ai **l'habitude d'écouter cette chanson.**

07 저는 샌드위치가 먹고 싶어요.

🔊 J'ai **envie d'un sandwich.**

08 나는 너를 만나고 싶어.

🔊 J'ai **envie de te voir.**

단어장

avoir besoin de (필요하다) | avoir raison de (옳다) | avoir de la chance de (행운이다) | avoir tort (틀리다) | avoir confiance (믿다) | avoir l'habitude (익숙하다) | avoir envie de (원하다) | dire (말하다) | parmi (중에) | parfois (가끔) | toi (너) | écouter (듣다) | chanson (노래)

01   배가 조금 고파요.

J'ai _____ faim.

a) beaucoup   b) toujours   c) trop   d) un peu

02   저는 당신을 믿습니다.

_____ en vous.

a) J'ai envie   b) J'ai confiance   c) J'ai raison   d) J'ai besoin

03   저는 피자가 먹고 싶어요.

_____ d'une pizza.

a) J'ai l'habitude   b) J'ai soif   c) J'ai mangé   d) J'ai envie

04   저는 도움이 필요해요.

_____ d'aide.

a) J'ai besoin   b) J'ai faim   c) J'ai tort   d) J'ai peur

05   저는 강아지를 너무 무서워해요.

J'ai _____ peur des chiens.

a) trop   b) toujours   c) beaucoup   d) un peu

정답

01. d)   정도를 나타내는 표현 기억하시죠? '조금'은 un peu랍니다.
02. b)   avoir를 사용하는 관용 표현이 많기 때문에 헷갈리지 않게 조심하세요!
03. d)   avoir envie de가 '원하다'의 의미로 사용된다는 사실! 잊지 마세요!
04. a)   '필요하다'는 바로 avoir besoin입니다!
05. a)   '너무'는 trop입니다.

저는 머리가 아파요.

- avoir mal à + (신체부위)를 통해 자신이 아픈 곳을 쉽게 표현할 수 있습니다. 이 표현과 함께 신체를 나타내는 다양한 어휘도 배워봅시다!

회화 톡!

A : **Où avez-vous mal ?**

우 아베 부 말

어디가 아프신가요?

B : **J'ai mal à la tête.**

줴 말-랄 라 떼뜨

머리가 아파요.

A : **Qu'est-ce qui ne va pas ?**

께쓰 끼 느 바 빠

어디가 안 좋으세요?

B : **J'ai mal aux dents.**

줴 말-로 덩

이가 아파요.

더 알아보기

à + la + 여성 단수 명사	au + 남성 단수 명사	aux + 여성/남성 복수 명사
à la	à + le = au	à + les = aux

이처럼 관사가 생략되는 것이 아니라, 합쳐지는 거라고 보면 쉽게 이해가 되실 거예요.

» **J'ai mal au ventre depuis ce matin.**

쥬 말-로 벙트흐 드쀠 쓰 마땅

저는 오늘 아침부터 배가 아파요.

» **J'ai mal aux yeux chaque nuit.**

쥬 말-로 쥬 샤끄 뉘

저는 밤마다 눈이 아파요.

» **J'ai mal à la jambe droite.**

쥬 말-랄 라 정브 드호와뜨

저는 오른쪽 다리가 아파요.

» **J'ai un peu mal aux pieds.**

쥬 앙쁘 말-로 삐에

저는 발이 좀 아파요.

» **J'ai mal au bras gauche.**

쥬 말-로 브하 고슈

저는 왼쪽 팔이 아파요.

» **J'ai mal au dos comme d'habitude.**

쥬 말-로 도 꼼 다비뜌드

저는 늘 그렇듯 허리가 아파요.

따라하기

이제 원어민 음성을 듣고, 함께 따라 해봅시다!

01 저는 비가 오면 무릎이 아파요.

🔊 J'ai mal aux **genoux quand il pleut.**

02 저는 스트레스 때문에 머리가 아파요.

🔊 J'ai mal à la **tête à cause du stress.**

03 저는 정말 마음이 아파요.

🔊 J'ai **vraiment** mal au **cœur.**

04 어제 저녁부터 귀가 아파요.

🔊 J'ai mal aux **oreilles depuis hier soir.**

05 나는 허리가 심각하게 아파.

🔊 J'ai **terriblement** mal au **dos.**

06 저는 목이 자주 아파요.

🔊 J'ai **souvent** mal à la **gorge.**

07 손가락이 아픈 지 좀 됐어요.

🔊 J'ai mal aux **doigts depuis un bon moment.**

08 테니스 경기 후에 손목이 아파요.

🔊 J'ai mal au **poignet après le match de tennis.**

단어장

genou(x) (무릎) | tête (머리) | cœur (마음, 심장) | oreille(s) (귀) | dos (등, 허리) | gorge (목, 인후) | doigt(s) (손가락) | poignet (손목) | vraiment (정말) | terriblement (심각하게) | souvent (자주)

다음 빈칸에 들어갈 알맞은 말을 모두 고르세요!

01   저는 어제부터 머리가 아파요.

J'ai mal _____ depuis ce matin.

a) au tête   b) à la tête   c) aux têtes   d) à tête

02   저는 배가 자주 아파요.

____ souvent _____ ventre.

a) J'ai, mal au   b) J'ai, mal à la   c) J'ai mal, au   d) J'ai mal, aux

03   저는 오른쪽 무릎이 심각하게 아파요.

J'ai _____ mal au genou _____.

a) terriblement, droite   b) teriblement, droit
c) terriblemment, droit   d) terriblement, droit

04   저는 눈이 아파요.

J'ai mal _____.

a) au yeux   b) aux yeu   c) aux yeux   d) aux yeuz

05   저는 2년 전부터 허리가 아파요.

J'ai mal _____ depuis 2 ans.

a) au do   b) à la dos   c) aux dos   d) au dos

정답

01. b)   tête는 여성 명사이기 때문에 à la와 함께 써주시면 됩니다.
02. a)   souvent과 같은 부사가 들어갈 때에는 J'ai 와 mal 사이에 넣는 것 아시죠?
03. d)   genou는 남성형 단수 명사로 droit 형용사를 일치시켜줍니다. terriblement 철자도 주의하세요!
04. c)   헷갈릴 수 있는 aux yeux 철자를 확실하게 짚고 넘어가 봅시다.
05. d)   dos는 's'로 끝나는 단어죠, 그래도 단수라는 사실 잊지 마세요!

07 저는 이해가 잘 안 가요.

- avoir du mal à + (동사)는 어려움을 표현할 때 유용하게 사용 할 수 있는 패턴입니다. 어떤 식으로 활용할 수 있는지 살펴볼까요?

🖐 회화 톡!

A : **J'ai du mal à croire cette histoire...**

쉐 듀 말 아 크호와흐 쎌띠쓰또화흐

이 이야기 믿기가 힘든데요...

B : **Moi, j'ai du mal à comprendre.**

므와, 쉐 듀 말 아 꽁프헝드흐

전 이해가 잘 안 가요.

A : **J'ai du mal à manger ce plat.**

쉐 듀 말 아 멍줴 쓰 쁠라

이 음식은 먹기가 힘들어요.

B : **Oui, c'est vrai, j'ai du mal à bien mâcher.**

위 쎄 브헤 쉐 듀 말 아 비앙 마쉐

그러게요, 잘 씹히지가 않아요.

🖐 더 알아보기

지시형용사

ce, cet / cette / ces

'이 이야기', '이 음식'처럼 지시형용사를 사용할 때에도 일반관사와 마찬가지로 성수 일치를 해줍니다. 단, 남성 단수일 때 주의해야 할 점은 명사가 모음이나 묵음 h로 시작할 경우 ce가 아닌 cet으로 사용된다는 점입니다!

연습하기

» **J'ai du mal à exprimer cette idée en français.**
쥬 듀 말 아 엑쓰프히메 쎄-띠데 엉 프헝쎄
저는 프랑스어로 이 생각을 표현하기가 어려워요.

» **J'ai du mal à avaler ces médicaments.**
쥬 듀 말 아 아발레 쎄 메디꺄멍
저는 이 약들을 삼키는 것이 힘들어요.

» **J'ai du mal à regarder ce film d'horreur.**
쥬 듀 말 아 흐갸흐데 쓰 필므 도회흐
저는 이 공포영화를 보기가 힘들어요.

» **J'ai du mal à conduire cette voiture la nuit.**
쥬 듀 말 아 꽁듀이흐 쎄뜨 브와뜌흐 라 뉘
저는 이 차로 밤에 운전하기 힘들어요.

» **J'ai du mal à trouver un travail ces jours-ci.**
쥬 듀 말 아 트후베 앙 트하바이 쎄 쥬흐 씨
저는 요즘 일자리를 구하기가 어려워요.

» **J'ai du mal à comprendre cet enfant de 5 ans.**
쥬 듀 말 아 꽁프헝드흐 쎄-떵펑 드 쌩-껑
저는 이 5살짜리 아이가 잘 이해가 안 가요.

01 저는 현실을 받아들이기 힘들어요.

🔊 J'ai du mal à **accepter la réalité.**

02 저는 해결책을 찾기가 어려워요.

🔊 J'ai du mal à **trouver la solution.**

03 저는 이름을 잘 기억하지 못해요.

🔊 J'ai du mal à **retenir les noms.**

04 저는 계단을 오르기가 힘들어요.

🔊 J'ai du mal à **monter les escaliers.**

05 저는 아침에 잘 못 일어나요.

🔊 J'ai du mal à **me lever le matin.**

06 저는 면 요리가 소화가 잘 안 돼요.

🔊 J'ai du mal à **digérer les pâtes.**

07 저는 이곳에선 집중하기가 힘들어요.

🔊 J'ai du mal à **me concentrer ici.**

08 저는 여름에는 잠이 잘 안 와요.

🔊 J'ai du mal à **dormir en été.**

단어장

accepter (받아들이다) | trouver (찾다) | retenir (기억하다) | monter (오르다) | se lever (일어나다) | digérer (소화시키다) | se concentrer (집중하다) | dormir (자다) | réalité (현실) | solution (해결책) | nom (이름) | escalier (계단) | matin (아침, 오전) | pâtes (면류, 면 요리) | ici (여기) | été (여름)

다음 빈칸에 들어갈 알맞은 말을 모두 고르세요!

01 저는 오전에 집중하기가 힘들어요.

_____ me concentrer le matin.

a) J'ai dû mal à   b) J'ai mal à   c) J'ai du mal à   d) J'ai du mal a

02 저는 이 상황을 이해하기 힘들어요.

J'ai du mal à _____ cette situation.

a) comprendre   b) conprendre   c) conpremdre   d) compremdre

03 저는 혼자 운전하기 힘들어요.

J'ai du mal à _____ seule.

a) conduire   b) comduire   c) conduir   d) condiur

04 저는 이 이름을 잊기가 힘들어요.

J'ai du mal à oublier _____ nom.

a) cet   b) ces   c) cette   d) ce

05 저는 이 현실을 믿기 힘들어요.

J'ai mal à _____ _____ réalité.

a) dormir, cette   b) croire, ce   c) monter, cet   d) croire, cette

---

정답

01. c)   à에 들어가는 부호를 기억해주세요!
02. a)   '이해하다'를 의미하는 comprendre의 올바른 철자를 확인해보세요.
03. a)   '운전하다'의 올바른 철자는 conduire입니다.
04. d)   nom은 자음으로 시작하는 남성 명사로, ce를 사용해야 합니다!
05. d)   '믿다'는 croire이고, réalité는 여성 명사입니다!

08 저는 짐을 싸고 있어요.

- être en train de + (동사)로 현재진행형을 이야기할 수 있어요. 지금 내가 무얼 하고 있는지 프랑스어로 말해볼까요?

A : **Qu'est-ce que vous faites ?**

께쓰끄 부 페뜨

지금 뭐하세요?

B : **Je suis en train de faire ma valise.**

주 쓰위-정 트항 드 페흐 마 발리즈

저는 짐을 싸고 있어요.

A : **Où allez-vous ?**

우 알레 부

지금 어디 가세요?

B : **Je suis en train d'aller chez mon grand-père.**

주 쓰위-정 트항 달레 쉐 몽 그헝 뻬흐

할아버지댁에 가고 있어요.

소유형용사

Mon / ma / mes	나의	Ton / ta / tes	너의
Son / sa / ses	그/그녀의	Leur / leurs	그들의

지시형용사와 마찬가지로 소유형용사도 성수일치를 해줍니다.

» **Je suis en train d'apprendre le français.**
주 쓰위-정 트항 다프헝드흐 르 프헝쎄
저는 프랑스어를 배우고 있어요.

» **Je suis en train de préparer à manger pour mes enfants.**
주 쓰위-정 트항 드 프헤빠헤 아 멍줴 뿌흐 메-정펑
저는 아이들을 위해 식사를 준비하고 있어요.

» **Mon Dieu ! Mais qu'est-ce que je suis en train de faire ?**
몽 듀 메 께쓰끄 주 쓰위-정 트항 드 페흐
세상에나! 내가 지금 대체 뭘 하고 있는 거지?

» **Je suis en train de ranger mon atelier.**
주 쓰위-정 트항 드 헝줴 모-나뜰리에
저는 제 작업실을 정리하고 있어요.

» **Je suis en train d'organiser un festival.**
주 쓰위-정 트항 도흐갸니제 앙 페스띠발
저는 페스티벌을 기획 중이에요.

» **Je suis en train d'écrire une lettre à ma mère.**
주 쓰위-정 트항 데크히흐 윈 레트흐 아 마 메흐
저는 어머니께 편지를 쓰고 있어요.

따라하기

이제 원어민 음성을 듣고, 함께 따라 해봅시다!

01 저는 방학을 기다리고 있어요.

🔊 **Je suis en train d'attendre les vacances.**

02 저는 그의 선물을 고르고 있어요.

🔊 **Je suis en train de choisir son cadeau.**

03 저는 식물에 물을 주고 있어요.

🔊 **Je suis en train d'arroser mes plantes.**

04 저는 커피 한 잔을 마시고 있어요.

🔊 **Je suis en train de boire un café.**

05 저는 다이어트 중이에요.

🔊 **Je suis en train de faire un régime.**

06 저는 강아지를 산책시키고 있어요.

🔊 **Je suis en train de promener mon chien.**

07 저는 별을 보고 있어요.

🔊 **Je suis en train d'observer les étoiles.**

08 저는 귀가 중이에요.

🔊 **Je suis en train de rentrer chez moi.**

단어장

attendre (기다리다) | vacances (방학) | choisir (고르다) | cadeau(x) (선물) | arroser (물주다) | plante (식물) | boire (마시다) | café (커피) | faire (하다) | régime (다이어트) | promener (산책 시키다) | chien (개) | observer (보다, 관찰하다) | étoile (별) | rentrer (돌아가다) | chez moi (우리 집에)

다음 빈칸에 들어갈 알맞은 말을 모두 고르세요!

01 저는 커피를 내리고 있어요.

_____ **préparer un café.**

a) Je suis entrain de   b) Je suis en train de
c) J'ai entrain de   d) J'ai en train de

02 저는 페스티벌에 가고 있어요.

Je suis en train d' _____ **à un festival.**

a) aler   b) allar   c) aller   d) alar

03 지금 뭐하세요?

_____ **vous faites ?**

a) Quest-ce que   b) Qu'est ce que   c) Que est-ce que d) Qu'est-ce que

04 저는 제 아이들을 기다리고 있어요.

Je suis en train d'attendre _____.

a) mon enfant   b) ma enfant   c) mes enfants   d) mes enfant

05 저는 다이어트 중이에요.

J'ai suis en train de _____.

a) choisir un régime   b) faire une régime
c) faire un régime   d) boire un régime

정답

01. b)   '~하고 있다'는 être 동사를 활용하시는 것 아시죠?
02. c)   '가다'는 aller 입니다!
03. d)   철자가 헷갈리셨다면 '무엇'을 묻는 질문형을 다시 한 번 복습해 봅시다.
04. c)   enfant은 남성 명사입니다. '제 아이들'은 mes enfants이 되겠죠 ?
05. c)   '다이어트 하다'는 faire un régime입니다! 'e'로 끝나지만 남성 명사라는 점 기억하세요!

09 저는 여행을 갈 거예요.

- 지금까지 현재형으로만 이야기했다면, 이제는 근접 미래를 배워보려고 해요. Aller 동사를 통해 Je vais + (동사)로 '저는 ~ 할 거예요'를 말할 수 있습니다.

회화 톡!

A : **Qu'est-ce que vous allez faire mercredi ?**

께쓰끄 부-잘레 페흐 메흐크흐디

수요일에 뭐하세요?

B : **Je vais partir en voyage.**

주 베 빠흐띠-헝 부와야지

저는 여행을 갈 거예요.

A : **Vous allez travailler ce week-end ?**

부-잘레 트하바예 쓰 위껜드

이번 주말에 일하실 건가요?

B : **Non, je ne vais pas travailler.**

농 주 느 베 빠 트하바예

아뇨, 일하지 않을 거예요.

더 알아보기

일반 부정문

(주어) + ne + (동사) + pas

Je ne travaille pas. 저는 일을 하지 않습니다.

근접 미래와 부정문

(주어) + ne + (aller 동사) + pas + (동사원형)

Je ne vais pas travailler. 저는 일을 하지 않을 거예요.

연습하기

» **Je vais dormir à 22 heures.**
주 베 도흐미흐 아 뱅두-죄흐
저는 밤 10시에 잠을 잘 거예요.

» **Je vais vous appeler bientôt.**
주 베 부-쟈쁠레 비앙또
제가 조만간 전화드릴게요.

» **Je vais revenir dans 5 minutes.**
주 베 흐브니흐 덩 쌍미뉴뜨
5분 뒤에 돌아올게요.

» **L'année prochaine, je vais avoir 30 ans.**
라네 프호쉔 주 베 아브와흐 트헝-떵
내년에 저는 서른 살이 될 거예요.

» **Je ne vais pas aller au magasin ce soir.**
주 느 베 빠 알레 오 마가장 쓰 쑤와흐
저는 오늘 저녁에 상점에 가지 않을 거예요.

» **Je vais me dépêcher pour le train.**
주 베 므 데뻬쉐 뿌흐 르 트항
기차를 타기 위해 서둘러야 하겠어요.

01 오늘은 낮잠을 자지 않을 거예요.

🔊 **Aujourd'hui, je ne vais pas faire de sieste.**

02 저는 저녁에 설거지를 할 거예요.

🔊 **Je vais faire la vaisselle ce soir.**

03 저는 동료들과 축구를 할 거예요.

🔊 **Je vais jouer au football avec mes collègues.**

04 나 한 잔 할 건데, 올래?

🔊 **Je vais prendre un verre, tu viens ?**

05 토요일에 콘서트 티켓을 살 거예요.

🔊 **Samedi, je vais acheter des billets pour le concert.**

06 저는 디저트로 케이크를 먹을 거예요.

🔊 **Comme dessert, je vais prendre un gâteau.**

07 저는 6시 전에는 도착하지 못할 거예요.

🔊 **Je ne vais pas arriver avant 18 heures.**

08 저는 걸어서 식당에 갈 거예요.

🔊 **Je vais aller au restaurant à pied.**

단어장

aujourd'hui (오늘) | sieste (낮잠) | soir (저녁) | faire la vaisselle (설거지하다) | jouer au football (축구하다) | collègue (동료) | prendre un verre (한 잔 하다) | samedi (토요일) | acheter (사다, 구매하다) | billet (티켓) | concert (콘서트) | dessert (디저트) | gâteau (케이크) | arriver (도착하다) | restaurant (식당) | à pied (걸어서)

다음 빈칸에 들어갈 알맞은 말을 모두 고르세요!

01 저는 토요일에 프랑스에 갈 거예요.

Samedi, _____ en France.

a) je vais   b) je vais partir   c) je vais parttir   d) je vais parter

02 나 축구할 건데, 올래?

Je vais _____, tu viens ?

a) jouer au football   b) joucer au football
c) joyer au football   d) jouer à football

03 저는 걸어서 상점에 갈 거예요.

Je vais aller au magasin _____.

a) a pied   b) a pié   c) à pied   d) à pié

04 저는 6시까지 일 할 거예요.

Je vais _____ jusqu'à 18 heures.

a) travail   b) travailler   c) travailer   d) traveler

05 제가 조만간 전화드릴게요.

Je vais vous appeler _____.

a) bientôt   b) tôt   c) très bien   d) bientot

정답

01. b)   je vais + partir 동사를 사용하면 된답니다.
02. a)   하나의 표현으로 외워주세요, jouer au football !
03. c)   '걸어서 가다'는 aller à pied. 'd'는 발음을 하지 않는 글자이지만 잊으면 안 되겠죠?
04. b)   '일하다'는 travailler, '일'은 travail 랍니다!
05. a)   bientôt는 '곧', tôt는 '일찍'이라는 뜻입니다, 헷갈리지 않게 주의하세요!

저는 막 비행기 티켓을 샀어요.

• 근접 미래를 배워보았죠? 이번에는 근접 과거를 함께 알아볼까요? 근접 미래에서 aller 동
사를 썼다면, 근접 과거에서는 venir 동사를 사용하면 됩니다. Je viens de + (동사) 패턴
을 함께 봅시다!

 회화 톡!

A : **Vous partez en vacances bientôt ?**

부 빠흐떼 엉 바컹스 비앙또

곧 휴가를 떠날 계획이신가요 ?

B : **Oui, je viens d'acheter les billets d'avion.**

위 주 비앙 다슈떼 레 비예 다비옹

네, 막 비행기 티켓을 샀어요.

A : **Vous lisez ce livre ?**

부 리제 쓰 리브흐

이 책을 읽고 계시나요?

B : **Non, je viens de le finir.**

농 주 비앙 드 르 피니흐

아뇨, 방금 막 끝냈습니다.

 더 알아보기

직접 목적보어 대명사

Je viens de le finir에서 le는 직접 목적보어 대명사로, 지시형용사 ce와 함께 쓰인 명사 livre를
대치합니다.

나	me	우리	nous
너	te	당신(들)	vous
그	le	그(녀)들	les
그녀	la	그것	le (남), la (여)

연습하기

» **Je viens de les voir devant la gare.**

주 비앙 드 레 브와흐 드벙 라 갸흐

저는 그들을 기차역 앞에서 방금 막 봤어요.

» **Je viens de manger une pomme.**

주 비앙 드 멍줴 윈 뽐므

저는 방금 사과를 먹었어요.

» **Je viens de ramasser ce portefeuille ici.**

주 비앙 드 하마쎄 쓰 뽀흐뜨푀이 이씨

저는 이 지갑을 이곳에서 방금 주웠어요.

» **Je viens de la jeter dans la poubelle.**

주 비앙 드 라 주떼 덩 라 뿌벨

저는 그것을 방금 막 쓰레기통에 버렸어요.

» **Je viens d'acheter cette robe.**

주 비앙 다슈떼 쎄뜨 호브

저는 이 원피스를 방금 막 구매했어요.

» **Je viens de vérifier votre message.**

주 비앙 드 베히피에 보트흐 메싸쥬

저는 당신의 문자를 방금 막 확인했어요.

01 저는 방금 막 장을 봤어요.

🔊 Je viens de **faire les courses.**

02 저는 방금 막 시험을 쳤어요.

🔊 Je viens de **passer un examen.**

03 저는 방금 막 영화를 봤어요.

🔊 Je viens de **regarder un film.**

04 저는 방금 막 저녁식사를 마쳤어요.

🔊 Je viens de **dîner.**

05 저는 방금 막 이 사람과 알게 되었어요.

🔊 Je viens de **faire sa connaissance.**

06 저는 방금 막 일을 마쳤어요.

🔊 Je viens de **terminer le travail.**

07 저는 방금 막 소포를 부쳤어요.

🔊 Je viens d'**envoyer un colis.**

08 저는 방금 막 질문을 했어요.

🔊 Je viens de **poser une question.**

단어장

faire les courses (장을 보다) | passer un examen (시험을 치다) | regarder un film (영화를 보다) | dîner (저녁식사를 하다) | faire la connaissance de qql (~와 알게 되다) | terminer (마치다, 끝내다) | travail (일) | envoyer (보내다, 부치다) | colis (소포) | poser une question (질문을 하다)

다음 빈칸에 들어갈 알맞은 말을 모두 고르세요!

01 저는 방금 막 기차표를 샀어요.

_____acheter les billets de train.

a) je viens de   b) je vais de   c) je viens d'   d) je vais d'

02 저는 그를 방금 막 봤어요.

Je viens de ____ voir.

a) la   b) le   c) les   d) des

03 저는 식당에서 막 저녁식사를 마쳤어요.

Je viens de _____ au restaurant.

a) diner   b) dinner   c) dîner   d) diner

04 저는 방금 소포를 확인했어요.

Je viens de _____ le colis.

a) vérifer   b) vérify   c) vérifyer   d) vérifier

05 저는 방금 막 문자를 보냈어요.

Je viens d'envoyer _____.

a) un message   b) un massage   c) une message   d) une masage

---

정답

01. c)   acheter 앞에는 de가 아닌 d'를 사용하게 되겠죠?
02. b)   남성 단수인 사람 '그'는 le로 대치합니다.
03. c)   '저녁식사를 하다'는 dîner입니다. 정확한 철자, 잊지 마세요!
04. d)   일정을 확인하다, 문자를 확인하다, 소포를 확인하다 등 '확인하다'는 vérifier입니다.
05. a)   'message'는 'e'로 끝나서 헷갈릴 수 있지만 남성 명사입니다.

A: **Bonsoir, comment tu t'appelles ?**
봉쓰와흐, 꼬멍 뜌 따뻴

B: **Je m'appelle Laura. Et toi ?**
주 마뻴 로하 에 뚜아

A: **Moi, je suis Paul. Enchanté.**
무와 주 쓰위 뽈 엉셩떼

B: **Enchantée. Comment ça va ?**
엉셩떼 꼬멍 싸 바

A: **Très bien. Qu'est-ce que tu fais dans la vie ?**
트헤 비앙 께스끄 뜌 페 덩 라 비

B: **Je suis interprète. Et toi, quelle est ta profession ?**
주 쓰위-장떼흐프헤트. 에 뚜아 껠 에 따 프호페씨옹

A: **Génial, moi je suis ingénieur.**
제니알 무아 주 쓰위-장제니어흐

A : 안녕? 이름이 뭐야?

B : 나는 로라야, 너는?

A : 나는 폴이야. 반가워.

B : 나도 반가워. 잘 지내?

A : 아주 잘 지내. 혹시 무슨 일 해?

B : 나는 통역사야. 너는?

A : 멋지다, 나는 엔지니어야.

정리하기

이름이 뭐야?	Comment tu t'appelles ?
이름이 무엇입니까? (존칭)	Comment vous vous appelez ?
직업이 뭐야?	Qu'est-ce que tu fais dans la vie ?
	Quelle est ta profession ?
직업이 무엇입니까? (존칭)	Qu'est-ce que vous faites dans la vie ?
	Quelle est votre profession ?

PARTIE
02

식당에서 10마디

MP3

11 여기 프랑스 식당이 있어요.

• il y a ~ 로 시작하는 문장을 통해 '~이/가 있어요'를 간단하게 표현할 수 있어요.

🖐 회화 톡!

A : **Ici, il y a un restaurant français.**

이씨 일-리아 앙 헤스또헝 프헝쎄

여기 프랑스 식당이 있어요.

B : **Il y a aussi une pizzeria.**

일-리아 오씨 윈 삐자히아

피자집도 있네요.

A : **Et il y a un chat à côté de la pizzeria.**

에 일-리아 앙 샤 아 꼬떼 드 라 삐자히아

그리고 피자집 옆에 고양이가 있어요.

B : **Non, regardez, il y a deux chats.**

농 흐갸흐데 일-리아 두 샤

아니에요, 보세요. 고양이 두 마리가 있어요.

🖐 더 알아보기

'~도 있어요'를 말 할 때에는 il y a 다음에 aussi 또는 également을 넣어주면 된답니다.

연습하기

» **Il y a une boisson sur la table.**
일-리아 윈 부아쏭 쓔흐 라 따블르
식탁 위에 음료수가 있어요.

» **Il y a également un problème technique.**
일-리아 에걀르멍 앙 프호블렘 떼끄니끄
기술적인 문제도 있어요.

» **Il y a des nuages dans le ciel.**
일-리아 데 뉴아쥬 덩 르 씨엘
하늘에 구름이 있어요.

» **Il y a deux erreurs dans cette copie.**
일-리아 두-제회흐 덩 쎄뜨 꼬삐
이 시험지에는 오답이 두 개 있어요.

» **Il y a aussi un hôpital là-bas.**
일-리아 오씨 앙-노삐딸 라바
저쪽에 병원도 있어요.

» **Il y a aussi des romans policiers.**
일-리아 오씨 데 호멍 뽈리씨에
추리소설도 있어요.

따라하기

이제 원어민 음성을 듣고, 함께 따라 해봅시다!

01 공원에 벤치가 있어요.

🔊 **Il y a des bancs dans le parc.**

02 거리에 가로등이 있어요.

🔊 **Il y a des lampadaires dans la rue.**

03 밤에 모기가 있어요.

🔊 **Il y a des moustiques la nuit.**

04 우리 가족은 5명이에요.

🔊 **Il y a cinq personnes dans ma famille.**

05 휴대전화에 알림이 있어요.

🔊 **Il y a des notifications sur mon téléphone portable.**

06 쓴 맛도 조금 있어요.

🔊 **Il y a aussi un goût un peu amer.**

07 구체적인 증거도 있어요.

🔊 **Il y a également une preuve concrète.**

08 인생에는 아름다운 것들이 있어요.

🔊 **Il y a des merveilles dans la vie.**

단어장

banc (벤치) | parc (공원) | lampadaire (가로등) | rue (거리, 길) | moustique (모기) | nuit (밤) | famille (가족) | personne (사람, 명) | notification (알림) | téléphone portable (휴대 전화) | goût (맛) | amer (쓴) | preuve (증거) | concrète (구체적인) | merveille (경이로운 것, 멋진 것, 아름다운 것) | vie (인생)

풀어보기

다음 빈칸에 들어갈 알맞은 말을 모두 고르세요!

01 여기에 한국 식당이 있어요.

_____ **un restaurant coréen ici.**

a) Il y　　　　b) Il y a　　　　c) Il a y　　　　d) Elle y a

02 공원에 모기가 있어요.

Il y a des moustiques _____.

a) dans le parc　　　　　　　b) dans le park

c) dans le parque　　　　　　d) dans la parc

03 우리 가족은 2명이에요.

Il y a _____ dans ma famille.

a) deux personne　　　　　　b) de personnes

c) deu personnes　　　　　　d) deux personnes

04 오답이 다섯 개 있어요.

Il y a _____.

a) cinq error　　b) cinqs erreur　　c) cinq errors　　d) cinq erreurs

05 병원 옆에 피자집도 있어요.

Il y a _____ un pizzeria à côté de l'hôpital.

a) aussi　　　b) auci　　　c) également　　　d) égalment

정답

01. b)　il y a는 이제 까먹지 않고 잘 활용할 수 있죠?

02. a)　'공원'을 뜻하는 parc는 남성 명사입니다.

03. d)　'2명'이니 당연히 personne에 s를 붙여줘야 하겠죠?

04. d)　'오답'을 뜻하는 erreur의 정확한 철자를 기억해주세요!

05. a, c)　aussi와 également의 철자 헷갈리지 마세요!

12 사람이 아주 많아요.

- '~이/가 있어요'를 il y a 로 말하는 법을 앞서 배웠죠? 그렇다면 '~이/가 아주 많아요'는 어떻게 말할 수 있을까요? 바로 beaucoup de와 함께 사용하면 된답니다. 아래의 문장을 함께 살펴볼까요?

A : **Il y a beaucoup de monde au restaurant.**

일-리아 보꾸 드 몽-도 헤스또헝

식당에 사람이 아주 많아요.

B : **Mais heureusement, il y a aussi beaucoup de places libres.**

메 외회즈멍 일-리아 오씨 보꾸 드 쁠라쓰 리브흐

그런데 다행히 빈자리도 많네요.

A : **Il y a beaucoup de plats délicieux.**

일-리아 보꾸 드 쁠라 델리씨요

맛있는 메뉴가 많아요.

B : **Oui, il y a beaucoup de choix possibles.**

위 일-리아 보꾸 드 슈아 뽀씨블르

네, 가능한 선택지가 많네요.

위에 보신 예문처럼 il y a beaucoup de 다음에는 늘 명사가 복수로 들어가죠. 하나가 아니라 수가 많으니까요! 그때 주의하셔야 할 점이 바로 명사를 꾸며주는 형용사가 있다면 이 형용사 또한 성수 일치를 시켜야 한다는 점입니다.

Places libres
Plats délicieux
Choix possibles (* un choix / des choix)

그렇다면 왜 monde에는 s가 안 들어갈까요? 여기에서 monde는 의미 자체가 '인파'를 의미하는 단어이기 때문에 문법적으로는 단수, 의미적으로는 복수인 특별한 단어입니다.

연습하기

» **Il y a beaucoup de fruits dans le panier.**
일-리아 보꾸 드 프휘 덩 르 빠니에
바구니에 과일이 많아요.

» **Il y a beaucoup de problèmes sociaux de nos jours.**
일-리아 보꾸 드 프호블렘 쏘씨오 드 노 쥬흐
오늘날 사회적 문제가 아주 많아요.

» **Il y a beaucoup d'étoiles dans le ciel.**
일-리아 보꾸 데뜨왈 덩 르 씨엘
하늘에 별이 아주 많아요.

» **Il y a beaucoup d'acteurs célèbres dans ce film.**
일-리아 보꾸 다흐뙤흐 쎌레브흐 덩 쓰 필므
이 영화에는 유명한 배우가 많이 출연해요.

» **Il y a beaucoup de touristes chinois dans cette région.**
일-리아 보꾸 드 뚜히쓰뜨 쉬노아 덩 쎄뜨 헤지옹
이 지역에는 중국인 관광객이 많아요.

» **Il y a beaucoup d'étudiants dans le métro.**
일-리아 보꾸 데뜌디엉 덩 르 메트호
지하철에 학생이 많아요.

따라하기

이제 원어민 음성을 듣고, 함께 따라 해봅시다!

01 이 숲에는 소나무가 많아요.

🔊 **Il y a beaucoup de pins dans cette forêt.**

02 바닥에 쓰레기가 많아요.

🔊 **Il y a beaucoup de déchets par terre.**

03 밤에 소음이 많아요.

🔊 **Il y a beaucoup de bruits la nuit.**

04 이 방은 빛이 잘 들어요.

🔊 **Il y a beaucoup de lumières dans cette salle.**

05 부재중 전화가 많이 와있어요.

🔊 **Il y a beaucoup d'appels manqués.**

06 레시피에 단 재료가 많아요.

🔊 **Il y a beaucoup d'ingrédients sucrés dans la recette.**

07 시장에 수요가 많아요.

🔊 **Il y a beaucoup de demandes dans le marché.**

08 옷장에 옷이 많아요.

🔊 **Il y a beaucoup de vêtements dans l'armoire.**

단어장

pin (소나무) | forêt (숲) | déchet (쓰레기) | par terre (바닥에) | bruit (소리, 소음) | nuit (밤)
| lumière (빛) | salle (방, 홀) | appel manqué (부재중 전화) | ingrédient sucré (단 재료) |
demande (수요) | marché (시장) | vêtement (옷) | armoire (옷장)

다음 빈칸에 들어갈 알맞은 말을 모두 고르세요!

01 이 홀에 소음이 많아요.

Il y a _____ de bruits dans cette salle.

a) beaucoup   b) beaucou   c) boccoup   d) beaucout

02 이 지역에는 별이 많아요.

Il y a beaucoup _____ dans cette region.

a) étoiles   b) de étoiles   c) d'étoiles   d) d'étoile

03 지하철에 사람이 많아요.

Il y a beaucoup _____ dans le métro.

a) de mondes   b) de monde   c) de mond   d) d'monde

04 맛있는 레시피가 많아요.

Il y a beaucoup de _____.

a) recette délicieuse   b) recettes délicieux
c) recettes délicieus   d) recettes délicieuses

05 이 영화는 문제점이 많아요.

Il y a beaucoup _____ dans ce film.

a) problème   b) probléme   c) problèmes   d) problémes

정답

01. a)   beaucoup의 'p'는 발음이 안 되지만 잊지 말고 꼭 넣어주세요!
02. c)   beaucoup de + étoiles 은 beaucoup d'étoiles이 되겠죠?
03. b)   '인파'라는 의미로 monde를 사용할 때에는 단수로 써주셔야 해요.
04. d)   'recette'를 복수로 's', 형용사도 성수 일치 시켜서 délicieuses (여성,복수)가 됩니다.
05. c)   é와 è가 헷갈릴 수 있으니problèmes 철자에 주의해 주세요.

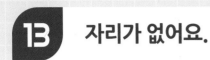

13 자리가 없어요.

- 부정문 ne pas 기억나시죠? Il y a 에도 ne pas 를 사용해 '~이/가 없어요'를 말할 수 있습니다.

회화 톡!

A : **Désolé, il n'y a pas de place disponible.**

데졸레 일 니야 빠 드 쁠라쓰 디쓰뽀니블르

죄송합니다. 빈자리가 없어요.

B : **Non, il n'y a pas de quoi vous excuser.**

농 일 니야 빠 드 꽈 부-젝쓰뀨제

아뇨, 죄송할 필요 없어요.

A : **Il n'y a pas d'oignon dans ce plat ?**

일 니야 빠 도니옹 덩 쓰 쁠라

이 요리에 양파 없죠?

B : **Bien sûr, il n'y a pas de quoi vous inquiéter.**

비앙쓔흐 일 니야 빠 드 꽈 부-쟝끼에떼

그럼요, 걱정할 필요 없어요.

더 알아보기

Il n'y a pas de + (명사)　　　　　　~이/가 없어요.
Il n'y a pas de quoi + (동사)　~할 필요 없어요. / ~할 일 아니에요.

연습하기

» **Dans la vie, il n'y a pas de hasard.**

덩 라 비 일 니야 빠 드 아자흐

인생에 우연이란 없어요.

» **Franchement, il n'y a aucune possibilité.**

프헝슈멍 일 니야 오뀐 뽀씨빌리떼

솔직히 아무런 가능성이 없어.

» **Il n'y a pas de raison compréhensible.**

일 니야 빠 드 헤종 꽁프헤엉씨블르

납득할 만한 이유가 전혀 없어요.

» **Il n'y a pas de problème.**

일 니야 빠 드 프호블렘

문제가 없어요.

» **Il n'y a pas de quoi !**

일 니야 빠 드 꽈

천만에요!

» **Il n'y a pas de quoi rire.**

일 니야 빠 드 꽈 히흐

웃을 일이 아니에요.

01 아픔 없는 행복은 없어요.

🔊 Il n'y a pas de **bonheur sans douleur.**

02 실패 없는 성공은 없어요.

🔊 Il n'y a pas de **réussite sans échec.**

03 아이들을 위한 방이 없어요.

🔊 Il n'y a pas de **chambre pour les enfants.**

04 자랑할 만한 일이 아니에요.

🔊 Il n'y a pas de quoi **se vanter.**

05 완벽한 사랑은 없어요.

🔊 Il n'y a pas d'**amour parfait.**

06 이번 달은 공휴일이 없어요.

🔊 Il n'y a pas de **jour férié ce mois.**

07 신경 쓸 일이 아니에요.

🔊 Il n'y a pas de quoi **se prendre au sérieux.**

08 쉬운 것은 없어요.

🔊 Il n'y a pas de **chose facile.**

단어장

bonheur (행복) | douleur (아픔) | réussite (성공) | échec (실패) | chambre (방) | enfant (아이) | se vanter (자랑하다) | amour (사랑) | parfait (완벽한) | jour férié (공휴일) | mois (달) | se prendre (신경 쓰다) | chose (일, 것) | facile (쉬운)

다음 빈칸에 들어갈 알맞은 말을 모두 고르세요!

01 쉬운 성공은 없어요.

_____ réussite facile.

a) Il n'y a pas de   b) Il n'y a pas
c) Elle n'y a pas de   d) Elle n'y a pas

02 완벽한 것은 없어요.

Il n'y a pas de _____.

a) chose parfait   b) chose parfaite   c) chose perfait   d) chose perfaite

03 걱정할 필요 없어요.

Il n'y a pas de _____.

a) quoi se prendre   b) quoi vous inquiéter
c) quoi rire   d) quoi se vanter

04 일정이 비어있는 날이 없어요.

Il n'y a pas de _____.

a) Jour disponible   b) jour férié
c) jour libre   d) jour du mois

05 이 요리에는 양파가 없어요.

Il n'y a pas d'_____ dans ce plat.

a) onion   b) oignion   c) ognon   d) oignon

정답

01. a)   a)의 'il'은 비인칭 il 이기 때문에 뒤에 오는 명사가 여성이어도 elle이 되지 않습니다!
02. b)   완벽한 것은 chose parfaite이겠죠? 철자를 확인해주세요.
03. b)   각 동사의 의미 기억하시죠? '걱정하다'는 s'inquiéter입니다!
04. a, c)   libre, disponible 모두 '비어있는'이라는 의미로 사용이 가능하답니다!
05. d)   '양파'의 철자를 한 번 더 기억하고 넘어갑시다!

14 탄산수가 있나요?

- 지금까지는 '~이/가 있어요'라고 말하는 법을 익혔다면 이제 '~이/가 있나요?'하고 묻는 법을 배워볼 겁니다! 두 가지 방법이 있는데요, 처음에는 헷갈릴 수 있지만 익숙해지면 금방 잘 활용하실 수 있을 거예요!

 회화 톡!

A : **Y a-t-il une boisson gazeuse ?**

야 띨 윈 브와쏭 갸죄즈

탄산수가 있나요?

B : **Oui, il y en a plusieurs.**

위 일-리 엉-나 쁠류지외흐

네, 여러 병 있습니다.

A : **Est-ce qu'il y a un problème ?**

에쓰낄리-아 앙 프호블렘

문제가 있나요?

B : **Non, il n'y en a pas.**

농 일 니 엉-나 빠

아뇨, 없습니다.

 더 알아보기

Y a-t-il / Est-ce qu'il y a + 명사(직접 목적보어)로 질문을 하면 그 명사를 그대로 반복해서 대답할 수 있겠죠? 그러나 실제로 대화를 할 때에 이렇게 반복하지 않고 en을 사용하는 것이 일반 적입니다. 예시를 한 번 살펴볼까요?

Y a-t-il une boisson gazeuse ? / Est-ce qu'il y a une boisson gazeuse ?

Oui, il y a une boisson gazeuse.	→	Oui, il y en a.
Oui, il y a deux boissons gazeuses.	→	Oui, il y en a deux.
Oui, il y a beaucoup de boissons gazeuses.	→	Oui, il y en a beaucoup.
Oui, il y a plusieurs boissons gazeuses.	→	Oui, il y en a plusieurs.
Non, il n'y a pas de boisson gazeuse.	→	Non, il n'y en a pas.

연습하기

» **Y a-t-il une banque près d'ici ?**
야 띨 윈 벙끄 프헤 디씨
가까운 곳에 은행이 있나요?

» **Y a-t-il une autre possibilité ?**
야 띨 윈 오트흐 뽀씨빌리떼
다른 가능성이 있나요?

» **Est-ce qu'il y a une salle d'attente ?**
에쓰낄-리아 윈 쌀 다떵뜨
대기실이 있나요?

» **Est-ce qu'il y a quelqu'un à la maison ?**
에쓰낄-리아 껠깡 알-라 메종
집에 사람이 있나요?

» **Y a-t-il des jumeaux dans votre famille ?**
야 띨 데 쥬모 덩 보트흐 파미
가족 중에 쌍둥이가 있나요?

» **Y a-t-il beaucoup de passagers dans l'avion ?**
야 띨 보꾸 드 빠싸줴 덩 라비옹
비행기에 승객이 많이 있나요?

01 이 샐러드에 토마토가 있나요?

🔊 **Est-ce qu'il y a des tomates dans cette salade ?**

02 오늘 바람이 부나요?

🔊 **Y a-t-il du vent aujourd'hui ?**

03 사무실에 컴퓨터가 있나요?

🔊 **Y a-t-il un ordinateur dans le bureau ?**

04 집에 전자레인지가 있나요?

🔊 **Est-ce qu'il y a un four à micro-ondes à la maison ?**

05 어제 이후로 변경사항이 있나요?

🔊 **Y a-t-il un changement depuis hier ?**

06 가게에 장난감이 많이 있나요?

🔊 **Y a-t-il beaucoup de jouets dans le magasin ?**

07 이 동네에 빵집이 있나요?

🔊 **Y a-t-il une boulangerie dans ce quartier ?**

08 맞춤법 오류가 있나요?

🔊 **Est-ce qu'il y a une faute d'orthographe ?**

단어장

tomate (토마토) | salade (샐러드) | vent (바람) | ordinateur (컴퓨터) | bureau (사무실) | micro-ondes (전자레인지) | maison (집) | changement (변경사항, 변화) | hier (어제) | jouet (장난감) | magasin (가게, 상점) | boulangerie (빵집) | quartier (동네) | faute d'orthographe (맞춤법 오류)

다음 빈칸에 들어갈 알맞은 말을 모두 고르세요!

01 이 동네에 가게가 많이 있나요?

_____ beaucoup de magasins dans ce quartier ?

a) Y a t il   b) Y-a-t-il   c) Y-a t il   d) Y a-t-il

02 집에 방이 3개 있나요?

_____ trois salles dans la maison ?

a) Est-ce qu'il y a   b) Est-ce-qu'il y a   c) Est ce qu'il y a   d) Est-ce qu-il y a

03 사무실에 누군가 있나요?

Y a-t-il _____ **dans le bureau ?**

a) quelqun   b) quelqu'un   c) qu'elqun   d) qu'elqu'un

04 대기실에 문제가 있나요?

Est-ce qu'il y a _____ **dans la salle d'attente ?**

a) un problem   b) un probléme   c) un problème   d) une problème

05 가능성이 많이 있나요?

Y a-t-il beaucoup _____ **?**

a) de possibilités   b) des possibilités
c) des possibilité   d) de possibilitès

01. d) -가 정확하게 어디에 들어가는지 한 번 더 확실하게 짚고 넘어갑시다!
02. a) 마찬가지로 -가 어디에 들어가지는 헷갈리지 않도록 주의해주세요!
03. b) '누군가'를 뜻하는 단어의 올바른 표기법은 quelqu'un이죠?
04. c) '문제'를 뜻하는 problème은 'e'로 끝나지만 남성 명사입니다.
05. a) beaucoup 다음에는 de + 복수형 명사를 넣어주시면 됩니다!

15 샌드위치 2개 주세요.

• Je voudrais + (명사)는 어떻게 보면 일상에서 가장 유용하게 사용할 수 있는 표현이라고 할 수 있겠네요! 이 패턴만 기억하시면 원하는 건 무엇이든 정중하게 요청할 수 있답니다!

🖐 회화 톡!

A : **Je voudrais deux sandwichs, s'il vous plaît.**

주 부드헤 두 썽드위치 씰 부 쁠레

샌드위치 2개 주세요.

B : **Moi, je voudrais une salade.**

무와 주 부드헤 윈 쌀라드

저는 샐러드 하나 주세요.

A : **Je voudrais un verre d'eau, s'il vous plaît.**

주 부드헤 앙 베흐도 씰 부 쁠레

물 한 잔 좀 주세요.

B : **Oui, je voudrais aussi un verre d'eau.**

위 주 부드헤 오씨 앙 베흐도

네, 저도 물 한 잔 주세요.

🖐 더 알아보기

Je voudrais 와 함께 사용하기 딱 좋은 마법의 표현이 있습니다. 바로 S'il vous plaît인데요. 영어의 please와 같은 의미라고 보시면 됩니다.

s'il vous plaît	존칭
s'il te plaît	존칭이 아닐 때

» **Je voudrais un gâteau au chocolat.**

주 부드헤 앙 갸또 오 쇼꼴라

초콜릿 케이크 하나 주세요.

» **Je voudrais un café au lait, s'il vous plaît.**

주 부드헤 앙 까페 올-레 씰 부 쁠레

카페 오 레 하나 주세요.

» **Je voudrais des chaussures avec une plus grande pointure.**

주 부드헤 데 쑈쓔흐 아벡 윈 쁠류 그헝드 뿌왕뛰흐

더 큰 사이즈의 신발 주세요.

» **Je voudrais ce pantalon en noir.**

주 부드헤 쓰 뼁딸롱 엉 누아흐

이 바지, 검은색으로 주세요.

» **Je voudrais un sac plus léger, s'il vous plaît.**

주 부드헤 앙 싹 쁠류 레줴 씰 부 쁠레

조금 더 가벼운 가방으로 주세요.

» **Je voudrais le nouveau modèle de smartphone.**

주 부드헤 르 누보 모델 드 스마흐뜨폰

새로 출시한 스마트폰 주세요.

따라하기 이제 원어민 음성을 듣고, 함께 따라 해봅시다!

01 오렌지 주스 한 잔 주세요.
🔊 **Je voudrais un verre de jus d'orange.**

02 스테이크 2개와 감자튀김 주세요.
🔊 **Je voudrais deux steaks et des frites.**

03 덜 무거운 안경으로 주세요.
🔊 **Je voudrais des lunettes moins lourdes.**

04 창고 열쇠 좀 주세요.
🔊 **Je voudrais les clés de l'entrepôt, s'il vous plaît.**

05 신분증 복사본 좀 주세요.
🔊 **Je voudrais une photocopie de votre carte d'identité.**

06 이 영화 줄거리 좀 말해주세요.
🔊 **Je voudrais un résumé de ce film.**

07 금요일까지 이력서 좀 보내주세요.
🔊 **Je voudrais votre CV d'ici vendredi.**

08 농구공 하나 주세요.
🔊 **Je voudrais un ballon de basket.**

단어장

verre (컵, 잔) | jus d'orange (오렌지 주스) | steak (스테이크) | frites (감자튀김) | lunettes (안경) | clé (열쇠) | entrepôt (창고) | photocopie (복사본) | carte d'identité (신분증) | résumé (줄거리) | film (영화) | cv (이력서) | d'ici (~까지) | vendredi (금요일) | ballon de basket (농구공)

다음 빈칸에 들어갈 알맞은 말을 모두 고르세요!

01 샐러드 2개 주세요.

Je voudrais _____.

a) deux salads   b) deux sallades   c) deux salades   d) de salades

02 감자튀김 좀 주세요.

Je voudrais des frites, _____.

a) S'il vous plaît   b) s'il vou plaît   c) s'il vous plâit   d) sil vous plaît

03 더 가벼운 농구공으로 주세요.

Je voudrais un ballon de basket _____.

a) Plus léger   b) plus légère   c) moins lourd   d) moins lourde

04 이 책 줄거리 좀 말해주세요.

_____ le résumé de ce livre.

a) Je voudrai   b) Je voudrais   c) Je voudré   d) Je voudrè

05 이력서 복사본 좀 주세요.

Je voudrais _____ de votre CV.

a) un photocopie   b) une photocopy
c) une photocophie   d) une photocopie

01. c)   '샐러드'의 올바른 철자는 salade입니다! 2개니까 복수로 's' 붙이는 것 잊지 마세요!

02. a)   정중히 부탁하는 표현, 기억하시죠? S'il vous plaît 입니다!

03. a, c) plus léger, moins lourd는 같은 의미라고 볼 수 있겠죠?

04. b)   너무 쉬웠죠? Je voudrais 잊지 말고 잘 활용해 봅시다!

05. d)   '복사본'은 photocopie입니다. 여성 명사임을 기억해 주세요!

16 나중에 또 오고 싶어요.

• Je voudrais + (명사)로 원하는 것을 정중히 요청하는 법을 배웠다면, 같은 표현 Je voudrais에 동사를 덧붙여서 '~하고 싶어요'라는 말을 해볼까요? 이 패턴을 통해 자신이 원하는 것을 훨씬 더 폭넓게 표현할 수 있답니다.

회화 톡!

A : **Je voudrais prendre un autre plat et vous ?**

주 부드헤 프헝드흐 아-노트흐 쁠라 에 부

요리를 하나 더 시키고 싶은 걸요, 당신은요?

B : **Non, moi ça va mais je voudrais revenir plus tard.**

농 무와 싸 바 메 주 부드헤 흐브니흐 쁠류 따흐

아뇨, 저는 괜찮아요. 그러나 나중에 또 오고 싶네요.

A : **Je voudrais manger une glace à la vanille, et toi ?**

주 부드헤 멍줴 윈 글라쓰 알-라 바니- 에 뚜아

나는 바닐라 아이스크림이 먹고 싶어, 너는?

B : **Moi, je voudrais goûter la glace à la fraise.**

무아 주 부드헤 구떼 라 글라쓰 알-라 프헤즈

나는 딸기 아이스크림을 맛보고 싶어.

더 알아보기

강세형 대명사

Moi, toi, lui, elle, nous, vous, eux, elles는 강세형 대명사랍니다. 기존의 주어 대명사와 같은 형태인 것도, 형태가 변하는 것도 있어요! 헷갈리지 않게 잘 기억해두면 좋겠죠?

Avec + (강세형 대명사)   ~랑/~와 함께
Pour + (강세형 대명사)   ~를 위해
Comme + (강세형 대명사)   ~처럼

» **Je voudrais** visiter un parc d'attraction avec **toi.**
주 부드헤 비지떼 앙 빠흐끄 다트학씨옹 아벡 뚜와
너랑 놀이공원에 가고 싶어.

» **Je voudrais** partir en vacances comme **eux.**
주 부드헤 빠흐띠-헝 바껑쓰 꼼-으
저는 그들처럼 휴가를 떠나고 싶어요.

» **Je voudrais** aller à la pêche avec **lui.**
주 부드헤 알레 알-라 뻬슈 아벡 루이
저는 그와 함께 낚시를 하고 싶어요.

» **Je voudrais** manger des spaghettis tous les jours.
주 부드헤 멍줴 데 쓰빠게띠 뚜 레 쥬흐
저는 매일같이 스파게티를 먹고 싶어요.

» **Je voudrais** rester à la maison sans rien faire.
주 부드헤 헤스떼 알-라 메종 썽 히앙 페흐
저는 아무것도 안 하고 집에 있고 싶어요.

» **Je voudrais** apprendre à jouer du piano pour **vous.**
주 부드헤 아프헝드흐 아 주에 듀 삐아노 뿌흐 부
저는 당신을 위해 피아노를 배우고 싶어요.

01 저는 그녀와 함께 영화관에 가고 싶어요.

🔊 **Je voudrais aller au cinéma avec elle.**

02 저는 사진을 많이 찍고 싶어요.

🔊 **Je voudrais prendre beaucoup de photos.**

03 저는 바닷가에서 수영하고 싶어요.

🔊 **Je voudrais me baigner à la plage.**

04 저는 이 문제의 해답을 알고 싶어요.

🔊 **Je voudrais savoir la réponse de cette question.**

05 저는 그들에게 좋은 아빠가 되고 싶어요.

🔊 **Je voudrais devenir un bon père pour eux.**

06 저는 조만간 아이를 갖고 싶어요.

🔊 **Je voudrais avoir un enfant bientôt.**

07 저는 당신과 세계 일주를 하고 싶어요.

🔊 **Je voudrais faire le tour du monde avec vous.**

08 나는 너처럼 건강하고 싶어.

🔊 **Je voudrais être en bonne santé comme toi.**

단어장

cinéma (영화관) | prendre des photos (사진을 찍다) | se baigner (수영하다) | plage (바닷가) | savoir (알다) | réponse (답) | question (질문) | devenir (되다) | bon (좋은) | père (아빠) | enfant (아이) | bientôt (곧, 조만간) | tour du monde (세계 일주) | être en bonne santé (건강하다)

다음 빈칸에 들어갈 알맞은 말을 모두 고르세요!

01 저는 나중에 또 오고 싶어요.

Je voudrais _____ plus tard.

a) venir   b) revenir   c) revenire   d) aller

02 저는 휴가를 떠나고 싶어요.

Je voudrais _____ en vacances.

a) partir   b) aller   c) visiter   d) avoir

03 저는 그들처럼 피아노를 배우고 싶어요.

Je voudrais apprendre à jouer du piano _____.

a) avec eux   b) pour eux   c) et eux   d) comme eux

04 나는 너에게 좋은 아빠가 되고 싶어.

Je voudrais être un bon père _____.

a) comme toi   b) et toi   c) pour toi   d) avec toi

05 나는 그녀와 함께 세계 일주를 하고 싶어.

Je voudrais faire le tour du monde _____.

a) pour elle   b) comme elle   c) et elle   d) avec elle

정답

01. b) venir도 '오다'라는 뜻이지만 '또 오다'를 정확하게 표현하려면 revenir동사를 써야겠죠?
02. a, b) '떠나다'는 partir이지만, vacances와 함께 흔히 쓰이는 동사에는 aller도 있답니다.
03. d) '~처럼'은 comme + 강세형 대명사 형식으로 이루어집니다.
04. c) '~를 위해'는 pour + 강세형 대명사 형식으로 이루어집니다.
05. d) '~와 함께'는 avec + 강세형 대명사 형식으로 이루어집니다.

17 정말 맛있어요.

- '정말 ~해요'는 C'est très + (형용사) 패턴을 사용해 말할 수 있습니다. 정말 간단하죠? 예시를 함께 살펴봅시다!

 회화 톡!

A : **C'est très délicieux !**

쎄 트헤 델리씨외

정말 맛있어요!

B : **Oui, mais c'est très piquant.**

위 메 쎄 트헤 삐껑

맞아요, 그러나 정말 매워요.

A : **Le français, c'est très compliqué à apprendre.**

르 프헝세 쎄 트헤 꽁쁠리께 아 아프헝드흐

프랑스어는 정말 배우기 어려워요.

B : **Ah bon ? Pour moi, le français, c'est très amusant.**

아 봉 뿌흐 무아 르 프헝세 쎄 트헤-쟈뮤정

그래요? 저는 프랑스어가 참 재미있어요.

더 알아보기

C'est très + (형용사) 패턴에서 C'est (Ce+est) 는 This is를 뜻한다는 것 눈치채셨나요? 그렇기 때문에 주어인 ce (this)가 지칭하는 것이 남성 명사이든 여성 명사이든 형용사는 기본형(남성)으로 사용된답니다.

Ex Le français, c'est très compliqué à apprendre.   프랑스어(남성)는 정말 배우기 어려워요.
Une langue, c'est très compliqué à apprendre.   언어(여성)는 정말 배우기 어려워요.

연습하기

» **C'est vraiment très artistique.**

쎄 브헤멍 트헤-쟈흐띠스띠끄

정말 매우 예술적이네요.

» **Attention aux escaliers ! C'est très dangereux.**

아떵씨옹 오-제스깔리에 쎄 트헤 덩쥐회

계단 조심하세요! 아주 위험합니다.

» **C'est très difficile de garer une voiture quand on est débutant.**

쎄 트헤 디피씰 드 갸헤 윈 부와뜌흐 껑-또네 데뷔떵

초보 운전자들에게는 주차를 하는 것이 매우 어렵죠.

» **N'oubliez pas ! C'est très important.**

누블리에 빠 쎄 트헤-쟝뽀흐떵

잊지 마세요! 정말 중요합니다.

» **Merci, c'est très encourageant !**

메흐씨 쎄 트헤-정꾸하정

고마워요, 정말 힘이 납니다!

» **C'est très varié, vous êtes libre de faire votre choix.**

쎄 트헤 바히에 부-제뜨 리브흐 드 페흐 보트흐 슈아

종류가 정말 다양하니, 원하시는 것으로 편하게 고르세요.

01 이거 정말 효과적이에요!

🔊 **Ça, c'est très efficace !**

02 아니, 정말 이상한걸!

🔊 **Tiens, c'est très étrange !**

03 여행은 정말 언제나 재미있어요.

🔊 **Voyager, c'est toujours très passionnant.**

04 이 제품 원하세요? 아주 유용해요.

🔊 **Vous voulez ce produit? C'est très utile.**

05 정말 친환경적이지 않나요?

🔊 **C'est très écologique, n'est-ce pas ?**

06 임신부들에게 정말 추천됩니다.

🔊 **C'est très recommandé pour les femmes enceintes.**

07 자기 전에 듣기 정말 괜찮아요.

🔊 **C'est très sympa à écouter avant de dormir.**

08 아니 이건 매우 심각한걸요!

🔊 **Ça alors, c'est très grave !**

단어장

efficace (효과적인) | étrange (이상한) | voyager (여행하다) | toujours (언제나, 늘) | passionnant (재미있는, 열정을 주는) | produit (제품) | utile (유용한) | écologique (친환경적인) | recommandé (추천되는) | femme enceinte (임신부) | sympa (마음에 드는, 호감인, 괜찮은) | écouter (듣다) | avant de (~하기 전에) | dormir (자다) | grave (심각한)

풀어보기 다음 빈칸에 들어갈 알맞은 말을 모두 고르세요!

01 배우는 것은 언제나 정말 재미있어요!

Apprendre _____ toujours _____ passionnant !

a) c'est, très   b) ça, très   c) cet, très   d) cest, très

02 라자냐는 정말 맛있어요.

Une lasagne, c'est très _____.

a) delicious   b) délicieuse   c) délicieux   d) délicieu

03 조심하세요, 정말 심각합니다.

_____, c'est très grave.

a) Atention   b) Atencion   c) Atenxion   d) Attention

04 아니 이거, 정말 힘이 되는데요!

Ça alors, c'est très _____ !

a) encouragent   b) encourageant   c) encouragant   d) encourajeant

05 정말 유용하고 마음에 들어요.

C'est très _____ et _____.

a) util, sympa   b) utile, sympha   c) utile, sympa   d) util, symppa

정답

01. a) C'est très 이제 헷갈리지 않고 알맞은 철자로 쓰실 수 있겠죠?

02. c) '맛있다'는 délicieux입니다. 주어가 여성이지만 C'est가 들어가기 때문에 형용사는 남성으로!

03. d) '조심하세요'는 Attention입니다. 't'가 3번 들어가는 철자 잘 기억해 주세요!

04. b) encourageant에 e를 빼먹게 되면 읽을 때 발음도 아예 달라지니 주의해 주세요!

05. d) '유용하다'는 utile, '마음에 들다'는 sympa 입니다!

18 너무 달아요.

• 이번에 배울 패턴은 앞서 배운 것과 굉장히 비슷한 형태의 패턴이에요. '정말 ~해요'는 C'est très + (형용사) 였다면 '너무 ~해요'는 C'est trop + (형용사)랍니다.

A : Vous aimez cette tarte ?

부-제메 쎄뜨 따흐뜨

이 타르트 입맛에 맞으세요?

B : Non, c'est trop sucré pour moi.

농 쎄 트호 쓔크헤 뿌흐 무와

아뇨, 제가 먹기에는 너무 달아요.

A : Vous aimez cette limonade ?

부-제메 쎄뜨 리모나드

이 레몬에이드 입맛에 맞으세요?

B : Non, parce que c'est trop acide.

농 빠흐쓰끄 쎄 트호 아씨드

아뇨, 너무 서서 입맛에 안 맞아요.

함께 식사를 할 때 '입맛에 맞으세요?' 하고 묻기 위한 가장 쉽고 간단한 방법은 aimer 동사를 쓰는 것이랍니다. Vous aimez les plats coréens ?이라고 묻는다면 '한국 음식 좋아하세요?' 하고 묻는 전반적인 질문이 되겠지만, 같이 한국 음식을 먹고 있는 상황에서 vous aimez ce plat coréen ?이라고 묻는다면 '(지금 드시고 계신 그) 한국 음식 입맛에 맞으세요?' 하고 묻는 게 되겠죠. 이처럼 같은 동사를 사용하는 같은 표현이더라도 맥락상 뉘앙스를 파악하며 이해하는 것도 언어 학습에 있어서 굉장히 중요한 요소랍니다!

연습하기

» **Regardez la taille de cette bague, c'est trop petit.**

흐갸흐데 라 따이 드 쎄뜨 바그 쎄 트호 쁘띠

이 반지 사이즈 좀 보세요, 너무 작아요.

» **C'est trop beau pour être vrai.**

쎄 트호 보 뿌-헤트흐 브헤

사실이라고 하기엔 너무 멋져. (마치 꿈꾸는 것 같아)

» **Là c'est trop tôt pour boire un coup.**

라 쎄 트호 또 뿌흐 부아-항 꾸

지금 한 잔 하러 가기엔 너무 일러요.

» **Je refuse, c'est trop risqué.**

쥬 흐퓨즈 쎄 트호 히쓰께

난 거절할게, 너무 위험해.

» **Désolé, c'est trop personnel pour vous expliquer en détail.**

데졸레 쎄 트호 뻬흐쏘넬 뿌흐 부-젝쓰쁠리께 엉 데따이-

죄송해요, 자세한 설명을 드리기에는 너무 사적인 일이에요.

» **Non mais, c'est trop cher !**

농 메 쎄 트호 쉐흐

아니, 가격이 너무 비싸요!

01 이틀은 너무 짧아요.
🔊 **Deux jours, c'est trop court.**

02 당신에겐 너무 쉬워요.
🔊 **C'est trop facile pour vous.**

03 3주 뒤는 너무 늦어요.
🔊 **Dans trois semaines, c'est trop tard.**

04 솔직히 이건 너무 귀여워요.
🔊 **Franchement, ça, c'est trop mignon.**

05 여기 데코레이션이 너무 과해요.
🔊 **C'est trop décoré ici.**

06 제 아들에게는 너무 커요.
🔊 **C'est trop grand pour mon fils.**

07 우리 회사에게는 너무 소중하죠.
🔊 **C'est trop précieux pour notre entreprise.**

08 한 바퀴 돌아보기에 너무 넓어요.
🔊 **C'est trop vaste pour faire un tour.**

단어장

jour (일) | court (짧은) | facile (쉬운) | semaine (주) | tard (늦은) | franchement (솔직히) | mignon (귀여운) | décoré (꾸며진) | ici (여기, 이곳) | grand (크다) | fils (아들) | précieux (소중한) | entreprise (회사) | vaste (넓은) | faire un tour (한 바퀴 돌다)

01 제가 먹기에는 너무 셔요.

_____ acide pour moi.

a) C'est très   b) C'est trop   c) C'est tro   d) C'est trôp

02 당신에게는 너무 커요.

C'est trop _____ pour vous.

a) grand   b) tard   c) petit   d) vaste

03 꿈꾸는 것만 같아요.

C'est trop beau _____.

a) pour être vrai   b) pour être précieux
c) pour vous   d) pour faire un tour

04 2주 뒤는 너무 늦어요.

Dans deux semaines, c'est trop _____.

a) court   b) tôt   c) petit   d) tard

05 솔직히 너무 쉬워요.

_____, c'est trop facile.

a) Francement   b) Franchemant   c) Franchement   d) Franckment

---

정답

01.b) '너무 ~해요'는 C'est trop + (형용사)입니다!

02. a) '크다(grand)'와 '넓다(vaste)' 헷갈리지 않게 주의해 주세요!

03. a) '사실이라고 하기엔 너무 멋지다!' 자주 쓰이는 관용 표현이니 기억해두면 좋겠죠?

04. d) 둘 다 t로 시작하는 단어죠, 'tard(늦은)', 'tôt(이른)' 확실하게 알아둡시다.

05. c) '솔직히'의 올바른 철자는 Franchement이랍니다.

19 이 소스가 더 짜요.

• '~가 더 ~해요'는 어떻게 말할까요? (주어) + être동사 + plus + (형용사)로 문장을 구성하면 되는데요, 이때 주어와 형용사의 성과 수를 일치시켜주는 것이 중요합니다. 예시를 직접 살펴보면 더 쉽게 눈에 들어올 거예요!

회화 톡!

A : **Cette sauce est plus salée.**

쎄뜨 쏘스 에 쁠류 쌀레

이 소스가 더 짜요.

B : **C'est vrai, son goût est plus fort.**

쎄 브헤 쏭 구 에 쁠류 포흐

맞아요, 이 소스 맛이 더 강해요.

A : **Cette table est plus propre que l'autre.**

쎄뜨 따블르 에 쁠류 프호프흐 끄 로트흐

이 테이블이 다른 테이블보다 더 깨끗해요.

B : **Oui, elle est plus agréable pour s'installer.**

위 엘-레 쁠류-쟈그헤아블르 뿌흐 쌍쓰딸레

네, 자리 잡기에 더 쾌적하네요.

더 알아보기

'A가 B보다 더 ~해요'로 비교하고 싶을 땐 que를 사용하면 된답니다.

Ex Cette table est plus propre.	이 테이블이 더 깨끗해요.
Cette table est plus propre que l'autre.	이 테이블이 다른 테이블보다 더 깨끗해요.

이 때에 유용하게 사용할 수 있는 것이 강세형 대명사(16과)나 소유대명사입니다.

Ex Je suis plus grand que toi.	나는 너보다 커.
Ma taille est plus grande que la tienne.	내 키가 너의 것(키)보다 커.

» **Cet ordinateur est plus léger que le vôtre.**

쎄-또흐디나뙤흐 에 쁠류 레제 끄 르 보트흐

이 노트북이 당신의 것보다 더 가볍습니다.

» **Ce restaurant est plus près que l'autre.**

쓰 헤스또헝 에 쁠류 프헤 끄 로트흐

이 식당이 다른 식당보다 더 가까워요.

» **Cette actrice est plus célèbre en France qu'en Corée.**

쎄-딱트히쓰 에 쁠류 쎌레브흐 엉 프헝스 껑 꼬헤

이 여배우는 한국에서보다 프랑스에서 더 유명해요.

» **Tu es plus chanceux que moi.**

뜌 에 쁠류 성쇠 끄 무와

너는 나보다 운이 좋아.

» **Ces baskets sont plus confortables que les tiennes.**

쎄 바쓰께뜨 쏭 쁠류 꽁포흐따블르 끄 레 띠엔

이 운동화가 너의 것보다 편해.

» **L'ambiance est plus dynamique que d'habitude.**

렁비엉-세 쁠류 디나미끄 끄 다비뜌드

분위기가 평소보다 더 활기 차요.

더 알아보기

소유대명사

인칭	남성 단수	여성 단수	남성 복수	여성 복수
1인칭 단수	le mien	la mienne	les miens	les miennes
2인칭 단수	le tien	la tienne	les tiens	les tiennes
3인칭 단수	le sien	la sienne	les siens	les siennes
1인칭 복수	le nôtre	la nôtre	les nôtres	les nôtres
2인칭 복수	le vôtre	la vôtre	les vôtres	les vôtres
3인칭 복수	le leur	la leur	les leurs	les leurs

따라하기 이제 원어민 음성을 듣고, 함께 따라 해봅시다!

01 너 왜 평소보다 조용하니?

🔊 **Pourquoi tu es plus silencieux que d'habitude ?**

02 할머니들이 마음씨가 더 너그러워요.

🔊 **Les grands-mères sont plus généreuses.**

03 저는 이 주제에 눈길이 더 가네요.

🔊 **Ce sujet est plus attirant pour moi.**

04 항상 제가 남들보다 호기심이 넘쳐요.

🔊 **Je suis toujours plus curieux que les autres.**

05 저는 평일이 더 여유로워요.

🔊 **Je suis plus libre dans la semaine.**

06 자전거가 킥보드보다 빨라요.

🔊 **Le vélo est plus rapide que la trottinette.**

07 제 피부가 그녀의 피부보다 민감해요.

🔊 **Ma peau est plus sensible que la sienne.**

08 이 사전이 예문이 더 풍성해요.

🔊 **Ce dictionnaire est plus riche en exemples.**

단어장

silencieux (조용한) | grand-mère (할머니) | généreux (너그러운, 관대한) | sujet (주제) | attirant (매력적인, 마음/눈길을 사로잡는) | curieux (호기심이 많은) | libre (자유로운) | vélo (자전거) | rapide (빠른) | trottinette (킥보드) | peau (피부) | sensible (민감한) | dictionnaire (사전) | riche (풍성한, 부유한) | exemple (예시, 예문)

다음 빈칸에 들어갈 알맞은 말을 모두 고르세요!

01 이 배우가 더 운이 좋아요.

Cette actrice est _____.

a) plus chanceux   b) plus chanceuse

c) chanceux plus   d) chanceuse plus

02 이 테이블이 당신의 테이블보다 더 가벼워요.

Cette table est plus légère que _____.

a) la vôtre   b) la votre   c) le votre   d) le vôtre

03 오늘은 분위기가 더 편안해요.

Aujourd'hui, l'ambiance est plus _____.

a) comfortable   b) confort   c) confortable   d) comfort

04 할머니가 저보다 더 호기심이 많아요.

_____ est plus curieuse que moi.

a) Ma grande-mère   b) Ma grand-mère

c) Ma grand-mére   d) Mon grand-mère

05 저는 평소보다 더 여유로워요.

Je suis plus libre _____.

a) que d'habitude   b) que d'abitude

c) d'habitude   d) que d'habitud

정답

01. b)   형용사는 plus 뒤로 붙여주시고, 성과 수를 일치시켜줍니다!

02. a)   소유대명사 표를 참고해 주세요!

03. c)   '편안한'은 confortable입니다. 영어와 철자가 헷갈릴 수 있으니 주의해 주세요!

04. b)   많은 분들이 grande-mère라고 생각하시기도 하는데 '할머니'는 grand-mère입니다!

05. a)   que(than)를 넣어주시는 것 잊지 마세요!

이 와인이 덜 비싸요.

- '~가 덜 ~해요'는 그럼 어떻게 말할까요? (주어) + être동사 + moins + (형용사)로 문장을 구성하면 됩니다. 이미 배운 패턴에서 plus만 moins으로 바꿔주면 되는 거죠!

회화 톡!

A : **Cette bouteille de vin est moins chère.**

쎄뜨 부떼이 드 방 에 무앙 쉐흐

이 와인이 덜 비싸요.

B : **Évidemment, puisqu'elle est moins ancienne.**

에비다멍 쁘위스-껠 에 무앙-졍씨엔

그럼요, 덜 오래된 와인이니까요.

A : **Ce serveur est moins gentil que les autres, je trouve.**

쓰 쎄흐붜흐 에 무앙 졍띠 끄 레-조트흐 즈 트후브

제가 느끼기엔 이 종업원이 다른 종업원들에 비해 덜 친절해요.

B : **Les autres sont moins occupés, peut-être.**

레-조트흐 쏭 무앙-조뀨뻬 쁘떼트흐

어쩌면 다른 종업원들이 덜 바빠서 그럴지도요.

더 알아보기

확신을 나타내는 표현

Évidemment   Bien sûr   Forcément

추측하는 표현

Peut-être   Il se peut que   Si ça se trouve

» **Cette chanson est moins écoutée chez les jeunes.**
쎄뜨 성송 에 무앙-제꾸떼 쉐 레 죈느
이 노래는 청년들에게 인기가 덜해요.

» **Vivre à la campagne, c'est moins coûteux.**
비브흐 알-라 껌빠뉴 쎄 무앙 꾸뙤
농촌에 사는 것이 돈이 덜 들어요.

» **Ta réponse est bien sûr moins pertinente.**
따 헤뽕-쎄 비앙 슈흐 무앙 뻬흐띠넝뜨
너의 답변이 당연히 설득력이 덜해.

» **Mon frère est moins dépendant que moi.**
몽 프헤-헤 무앙 데뻥덩 끄 무와
우리 형은 나보다 덜 의존적이다.

» **Les billets d'avions sont moins vendus ces jours-ci.**
레 비예 다비옹 쏭 무앙 벙듀 쎄 쥬흐 씨
요즘 비행기 티켓이 덜 팔립니다.

» **Cette région est peut-être moins montagneuse.**
쎄뜨 헤지옹 에 쁘떼트흐 무앙 몽따뇌즈
어쩌면 이 지역이 산이 더 적을 겁니다.

01 다행히 어제보다 오늘 덜 슬퍼요.

🔊 **Heureusement, je suis moins triste qu'hier.**

02 당연히 과학보다 수학이 덜 재미있죠.

🔊 **Les maths sont évidemment moins intéressantes que les sciences.**

03 저는 물론 프랑스 문화에 덜 익숙해요.

🔊 **Je suis bien sûr moins familier à la culture française.**

04 이 교재가 다른 교재보다 덜 어려워요.

🔊 **Ce manuel est moins difficile que les autres.**

05 제 동료가 저보다 덜 피곤해요.

🔊 **Mon collègue est moins fatigué que moi.**

06 이 가방이 그의 가방보다 부피가 덜해요.

🔊 **Ce sac est moins volumineux que le sien.**

07 저는 올해 평소보다 덜 아픕니다.

🔊 **Cette année, je suis moins malade que d'habitude.**

08 저는 밤보다 오전에 집중이 덜 됩니다.

🔊 **Je suis moins concentré le matin que la nuit.**

단어장

triste (슬픈) | maths (수학) | sciences (과학) | familier (익숙한) | culture (문화) | manuel (교재) | difficile (어려운) | collègue (동료) | fatigué (피곤한) | sac (가방) | volumineux (부피가 큰) | malade (아픈) | concentré (집중한) | matin (아침, 오전) | nuit (밤)

다음 빈칸에 들어갈 알맞은 말을 모두 고르세요!

01 저는 올해 평소보다 덜 바빠요.

Cette année, _____ occupé que d'habitude.

a) je suis plus   b) je plus suis   c) je suis moins   d) moins je suis

02 이 와인이 요즘 덜 팔려요.

Ces vins sont moins _____ ces jours-ci.

a) vendu   b) vendus   c) vendue   d) vendues

03 다행히 오늘 어제보다 덜 피곤해요.

Heureusement, je suis _____ qu'hier.

a) Moins fatigué   b) moins fatiguée
c) moins fatigués   d) moins fatiguées

04 어쩌면 이 가방이 덜 오래된 것일지 몰라요.

Ce sac est _____ moins ancien.

a) peut être   b) bien sûr   c) peut-étre   d) peut-être

05 당연히 이게 덜 비싸죠.

C'est _____ moins coûteux.

a) évidement   b) bien-sûr   c) évidemment   d) bien sûr

정답

01. c)   (주어) + être 동사 + moins + (형용사) 패턴 구성 기억하셨죠?

02. b)   주어 ces vins은 남성 복수 명사입니다.

03. a, b) 만약에 je가 남성이라면 fatigué, 여성이라면 fatiguée가 되겠죠?

04. d)   '어쩌면'은 peut-être 입니다!

05. c, d) 확신을 나타내는 다양한 표현 복습, 꼭꼭 해주세요!

A : **Bonjour, vous avez réservé ?**
봉쥬흐 부-자베 헤제흐베

B : **Non, est-ce qu'il y a une place pour une personne ?**
농 에쓰낄-리아 윈 쁠라쓰 뿌흐 윈 뻬흐쏜

A : **Désolé, il n'y a plus de table en terrasse, installez-vous dans la salle.**
Voici le menu.
데졸레 일 니아 쁠류 드 따블르 엉 떼하쓰 앙쓰딸레 부 덩 라 쌀 부와씨 르 므뉴

(un peu plus tard)

A : **Vous avez choisi ?**
부-자베 슈와지

B : **Je voudrais tout simplement le plat du jour, s'il vous plaît.**
주 부드헤 뚜 쌍쁠르멍 르 쁠라 듀 쥬흐 씰 부 쁠레

A : **Et comme boisson ?**
에 꼼 부와쏭

B : **Une carafe d'eau, merci.**
윈 까하프 도 멜씨

A : 안녕하세요. 예약하셨나요?

B : 아니요, 혹시 한 자리가 있을까요?

A : 죄송합니다. 테라스에는 빈 테이블이 없어요. 실내에 앉으세요. 메뉴판은 여기 있습니다.

(잠시 후에)

A : 고르셨나요?

B : 저는 간단하게 오늘의 요리 하나 주세요.

A : 음료는 어떤 걸로 드릴까요?

B : 물 한 병 주세요. 감사합니다.

정리하기

예약하셨나요?	Vous avez réservé ?
~명을 위한 자리가 있을까요?	Est-ce qu'il y a une place pour ~ personne ?
여기, 메뉴판입니다.	Voici le menu.
고르셨나요?	Vous avez choisi ?
저는 ~로 주세요.	Je voudrais ~, s'il vous plaît.

PARTIE
03

영화관에서 10마디

21 이 영화를 꼭 봐야 해요.

- devoir동사는 영어의 must동사에 해당합니다. '꼭 ~해야 해요'하고 말할 때 사용할 수 있는 패턴 je dois + (동사) 함께 배워볼까요?

회화 톡!

A : **Je dois absolument regarder ce film.**

주 두와 압솔류멍 흐갸흐데 쓰 필므

저는 이 영화를 꼭 봐야 해요.

B : **Pourquoi?**

뿌흐꽈

왜요?

A : **Je dois vous dire pourquoi ?**

주 두와 부 디흐 뿌흐꽈

제가 당신에게 왜인지 말해줘야 하나요?

B : **Pas forcément, mais je suis curieux.**

빠 포흐쎄멍 메 주 쓰위 뀨히외

꼭 그런 것은 아니지만, 궁금하네요.

더 알아보기

간접 목적보어 대명사

Je dois vous dire pourquoi에서 vous는 간접 목적보어 대명사로 여기에서는 '~에게'라는 의미를 갖고 있습니다.

나에게	me	우리에게	nous
너에게	te	당신(들)에게	vous
그 / 그녀에게	lui	그들에게	leur

» **Je dois te dire la vérité.**
주 두와 뜨 디흐 라 베히떼
너에게 진실을 말해야 해.

» **Je suis là où je dois être.**
주 쓰윌-라 우 주 두와 에트흐
난 내가 있어야 할 곳에 있어.

» **Je dois lui parler en français.**
주 두와 루이 빠흘레 엉 프헝세
저는 그에게 불어로 말해야 해요.

» **Je dois faire une opération mardi prochain.**
주 두와 페흐 윈 오뻬하씨옹 마흐디 프호샹
저는 다음 주 화요일에 수술을 받아야 해요.

» **Je dois finir ce travail pour aujourd'hui.**
주 두와 피니흐 쓰 트하바이 뿌-호쥬흐뒤
저는 오늘까지 이 업무를 마쳐야 해요.

» **Je dois aller au stade pour assister à la finale de l'Euro.**
주 두와 알레 오 쓰따드 뿌-하씨쓰떼 알-라 피날 드 뢰호
나는 유로 결승전 관람을 위해 경기장에 가야 해.

01 나는 더 노력해야 해.
🔊 **Je dois faire plus d'efforts.**

02 죄송해요, 먼저 가보겠습니다.
🔊 **Désolé, je dois vous laisser.**

03 교회까지 걸어서 가야 해요.
🔊 **Je dois aller jusqu'à l'église à pied.**

04 제 탓이라는 것을 인정해야겠어요.
🔊 **Je dois admettre que c'est de ma faute.**

05 전 그들에게 점수를 줘야 해요.
🔊 **Je dois leur donner des notes.**

06 생수를 몇 병 사야 해요.
🔊 **Je dois acheter quelques bouteilles d'eau minérale.**

07 제 논술문을 보완해야 해요.
🔊 **Je dois améliorer ma dissertation.**

08 그의 조언을 잘 들어야겠어요.
🔊 **Je dois bien écouter ses conseils.**

단어장

effort (노력) | laisser (두고가다) | église (교회) | à pied (걸어서) | admettre (인정하다) | faute (잘못, 탓) | note (점수) | acheter (사다, 구매하다) | bouteille (병) | eau minérale (생수) | améliorer (발전시키다, 보완하다) | dissertation (논술문, 소논문) | écouter (듣다) | conseil (조언)

다음 빈칸에 들어갈 알맞은 말을 모두 고르세요!

01   저는 당신에게 이유를 꼭 말해야 해요.

_____ absolument _____ dire pourquoi.

a) Je dois, te   b) Je doit, vous   c) Je dois, leur   d) Je dois, vous

02   저는 오늘 수술을 받아야 해요.

Je dois _____ aujourd'hui.

a) faire une opération   b) faire opération

c) une opération   d) faire une opéra

03   죄송해요, 먼저 가보겠습니다.

_____, je dois vous laisser.

a) Désolé   b) Désolée   c) Dézolé   d) Dézolée

04   저는 제 점수를 보완해야 해요.

Je dois _____ mes notes.

a) ameliorer   b) amélior   c) améliore   d) améliorer

05   난 그녀에게 진실을 말해야 해.

Je dois _____ dire la vérité.

a) elle   b) leur   c) elles   d) lui

정답

01. d)   '~해야 해요'는 Je dois', '당신에게~'는 간접 목적보어 대명사인 vous를 넣어주셔야 해요.

02. a)   '수술을 받다'는 faire une opération이랍니다!

03. a, b)   '죄송해요'는 z발음이 나지만, s가 들어가서 남성일 때 désolé 또는 여성일 때 désolée입니다.

04. d)   '보완하다'를 뜻하는 améliorer의 동사 원형 철자, 헷갈리지 마세요!

05. d)   '그녀'는 elle이지만 '그녀에게'는 '그에게'와 마찬가지로 lui로 사용됩니다.

22 약속 시간에 늦으면 안 돼요.

- 이번에는 '~하면 안 돼요'를 배워볼 건데요. 앞서 배운 Je dois의 부정문이기 때문에 익숙하실 거예요. Je ne dois pas + (동사) 패턴 함께 예시를 통해 살펴봅시다. 주어를 바꿔서 누군가에게 무언가를 금지하는 표현으로 사용할 수도 있어요.

회화 톡!

A : Pourquoi vous êtes si pressé ?

뿌흐꽈 부 제뜨 씨 프헤쎄

왜 이렇게 급하세요?

B : C'est parce que je ne dois pas être en retard au rendez-vous.

쎄 빠흐쓰끄 주 느 두와 빠-제트-헝 흐따흐 오 헝데부

약속 시간에 늦으면 안 되기 때문이에요.

A : Je vois, pour ça vous ne devez pas prendre le bus mais le métro.

주 부와 뿌흐 싸 부 느 드베 빠 프헝드흐 르 뷰스 메 르 메트호

그렇군요. 제 시간에 도착하려면 버스를 타지 마시고, 지하철을 타세요.

더 알아보기

DEVOIR 동사

Je	dois	Nous	devons
Tu	dois	Vous	devez
Il/Elle	doit	Ils/Elles	doivent

» **Vous ne devez pas tourner à droite dans cette rue.**

부 느 드베 빠 뚜흐네 아 드후아뜨 덩 쎄뜨 휴

이 길에서는 우회전을 하시면 안 돼요.

» **Les élèves ne doivent pas courir dans les couloirs.**

레-젤레브 느 두와브 빠 꾸히흐 덩 레 꿀루아흐

학생들은 복도에서 뛰면 안 돼요.

» **On ne doit pas fumer à l'intérieur.**

옹 드 두와 빠 퓨메 아 랑떼히여흐

실내에서 담배를 피면 안 돼요.

» **Je ne dois pas boire du café la nuit.**

주 느 두와 빠 부아흐 듀 까페 라 뉘

저는 밤에 커피를 마시면 안 돼요.

» **Tu ne dois pas me dire des mensonges.**

뜌 느 두와 빠 므 디흐 데 멍쏭즈

너는 내게 거짓말을 하면 안 돼.

» **Nous ne devons pas sortir sans masque.**

누 느 드봉 빠 쏘흐띠흐 썽 마쓰끄

우리는 마스크 없이 나가서는 안 됩니다.

01 바닥에 쓰레기를 버리면 안 돼.

🔊 **Tu ne dois pas jeter des déchets par terre.**

02 꿈을 포기하면 안 돼.

🔊 **Tu ne dois pas abandonner ton rêve.**

03 부모님을 실망시켜선 안 돼.

🔊 **Je ne dois pas décevoir mes parents.**

04 계단을 오르지 마세요.

🔊 **Vous ne devez pas monter les escaliers.**

05 너무 늦게 자면 안 돼.

🔊 **Tu ne dois pas dormir trop tard.**

06 자원을 낭비해서는 안 됩니다.

🔊 **Nous ne devons pas gaspiller les ressources.**

07 뒷담화를 해서는 안 돼.

🔊 **On ne doit pas parler dans le dos de quelqu'un.**

08 동기를 잃지 마세요.

🔊 **Vous ne devez pas perdre votre motivation.**

단어장

jeter (버리다) | déchet (쓰레기) | par terre (바닥에) | abandonner (포기하다) | rêve (꿈) | décevoir (실망시키다) | parents (부모) | monter (오르다) | escaliers (계단) | dormir (자다) | tard (늦게) | gaspiller (낭비하다) | ressource (자원) | parler dans le dos de quelqu'un (뒷담화를 하다) | perdre (잃다) | motivation (동기)

다음 빈칸에 들어갈 알맞은 말을 모두 고르세요!

01 약속 시간에 늦으면 안 돼요.

Je ne dois pas être _____ au rendez-vous.

a) à retard   b) au retard   c) avec retard   d) en retard

02 이 길에서는 뛰면 안 돼요.

Vous ne devez pas courir _____.

a) dans cet rue   b) dans la rue   c) dans le rue   d) dans cette rue

03 너무 늦게 커피를 마시면 안 돼요.

On ne doit pas boire du café _____.

a) très tard   b) tard   c) trop tard   d) mieux tard

04 나는 내 꿈을 포기해선 안 돼.

Je ne dois pas _____ mon rêve.

a) abandonner   b) abandoner   c) abanddoner   d) abbandoner

05 너는 그들에게 거짓말을 해선 안 돼.

Tu ne dois pas _____ dire des mensonges.

a) ils   b) leur   c) elles   d) lui

정답

01. d)   '늦다'는 être en retard입니다. 단 두 글자의 짧은 전치사이지만 정확하게 사용해 주세요.
02. d)   '길'인 rue는 여성 명사입니다. 그러니 '이 길'은 cette rue가 되겠죠?
03. c)   '너무~ 하다'에는 trop를 넣어주시는 것, 이젠 잘 아시죠?
04. a)   철자가 많이 헷갈릴 수 있는 단어예요! '포기하다'의 철자 한 번 더 체크하고 넘어갑시다!
05. d)   '그들에게'는 leur로 받아주시면 된답니다.

23

10번도 더 볼 수 있어요.

- 이번에는 pouvoir동사를 배워볼 거예요. '~할 수 있어요'는 Je peux + (동사) 패턴을 사용
한답니다. 마찬가지로 '~할 수 없어요'는 Je ne peux pas + (동사)로 변형해주면 되겠죠?

회화 톡!

A : **Vous aimez ce film ?**

부-제메 쓰 필므

이 영화 좋아하세요?

B : **Oui, je peux le voir même plus de 10 fois.**

위 주 뾔 르 부와흐 멤 쁠류 드 디 푸와

네, 10번도 더 볼 수 있어요.

A : **Quel personnage vous préférez ?**

껠 뻬흐쏘나쥬 부 프헤페헤

어떤 인물을 가장 좋아하시나요?

B : **Quelle question difficile ! Je ne peux pas choisir.**

껠 께쓰띠옹 디피씰 주 느 뾔 빠 슈아지흐

참 어려운 질문이네요! 고를 수가 없어요.

더 알아보기

의문 형용사

quel, quelle, quels, quelles (어느, 어떤, 무슨)

남성단수	여성단수
quel[껠]	quelle[껠]
남성복수	여성복수
quels[껠]	quelles[껠]

감탄사로 쓰이는 의문 형용사

Quel (quelle, quels, quelles) + (형용사) + (명사) !

Ex Quelle question difficile !   Quel personnage magnifique !

» **Je peux t'appeler ce soir ?**

주 뾔 따뻴레 쓰 쑤아흐

오늘 저녁에 너에게 전화해도 될까?

» **Je ne peux pas comprendre cette situation.**

주 느 뾔 빠 꽁프헝드흐 쎄뜨 씨뜌아씨옹

이 상황을 이해할 수가 없어요.

» **Si je veux, je peux !**

씨 주 뵈 주 뾔

내가 원한다면 난 할 수 있어!

» **Je peux aller aux toilettes ?**

주 뾔-잘레 오 뚜왈렛

화장실에 가도 될까요?

» **Je peux résister à tout.**

주 뾔 헤지스떼 아 뚜

저는 모든 것을 견딜 수 있어요.

» **Je ne peux pas répondre à cette question.**

주 느 뾔 빠 헤뿅드흐 아 쎄뜨 께쓰띠옹

이 질문에는 답할 수가 없어요.

따라하기 — 이제 원어민 음성을 듣고, 함께 따라 해봅시다!

01 창문을 열어도 될까요?

🔊 **Je peux ouvrir la fenêtre ?**

02 올리비아에게 이야기할 수 있을까요?

🔊 **Je peux parler à Olivia ?**

03 이 문서를 스캔할 수 있어요.

🔊 **Je peux scanner ces documents.**

04 자세한 내용은 말할 수 없어요.

🔊 **Je ne peux pas rentrer dans les détails.**

05 휴가철을 기다릴 수가 없어요.

🔊 **Je ne peux pas attendre les vacances.**

06 내일 우체국에 갈 수 있어요.

🔊 **Je peux aller à la poste demain.**

07 인터넷으로 일기 예보를 확인할 수 있어요.

🔊 **Je peux vérifier la météo sur internet.**

08 제 입장을 명확하게 설명할 수 있어요.

🔊 **Je peux m'expliquer clairement.**

단어장

ouvrir (열다) | fenêtre (창문) | parler (말하다, 이야기하다) | scanner (스캔하다) | document (문서) | rentrer dans les détails (자세한 내용으로 들어가다) | attendre (기다리다) | vacances (방학, 휴가철) | aller (가다) | poste (우체국) | vérifier (확인하다) | météo (일기 예보, 날씨) | internet (인터넷) | s'expliquer (설명되다) | clairement (명확하게)

다음 빈칸에 들어갈 알맞은 말을 모두 고르세요!

01 한 인물을 고를 수 있어요.

_____ **choisir un personnage.**

a) Je peux   b) Je ne peux pas c) Je veux   d) Je ne veux pas

02 자세한 내용을 확인할 수 없어요.

_____ **vérifier les détails.**

a) Je peux   b) Je ne peux pas c) Je veux   d) Je ne veux pas

03 저는 이 상황을 견딜 수가 없어요.

Je ne peux pas résister à cette _____.

a) situasion   b) situation   c) situattion   d) situatione

04 화장실에 가도 될까요?

Je peux aller _____ ?

a) au toilette   b) aux toilette   c) aux toilettes   d) aux toilletes

05 모든 창문을 다 열 수 있어요.

Je peux ouvrir toutes _____.

a) la fenêtre   b) fenêtres   c) fenêtre   d) les fenêtres

정답

01. a)   '~할 수 있어요'는 Je peux입니다.
02. b)   '~할 수 없어요'는 Je ne peux pas이겠죠?
03. b)   situation의 정확한 철자를 확인해 주세요!
04. c)   toilettes에 'l'은 한 개 t는 세 개 들어가요! 또 '화장실'은 늘 복수형 명사로 쓰인답니다!
05. d)   '모든 창문'이기 때문에 관사와 함께 복수형으로 넣어주셔야 하겠죠?

24 이 배우를 좋아해요.

• 자신이 좋아하는 것을 표현 할 수 있는 aimer 동사를 배워 볼게요. 열렬히 좋아한다는 의미를 담자면 adorer 동사를 써도 좋아요. J'aime~와 J'adore~ 패턴 함께 배워볼까요?

회화 톡!

A : Regardez, c'est **une interview de Marion Cotillard.**
흐갸흐데 쎄-뛴 앙떼흐뷰 드 마히옹 꼬띠야흐
이것 보세요, 마리옹 꼬띠야르의 인터뷰예요.

B : C'est pas vrai ! J'adore **cette actrice !**
쎄 빠 브헤 쟈도흐 쎄-따흐트히쓰
말도 안 돼요! 저는 이 배우를 정말 좋아해요.

A : Je l'aime **aussi, elle est flamboyante.**
주 렘 오씨 엘-레 프렁부아영뜨
저도 (그녀를) 좋아해요, 정말 빛나는 배우죠.

B : **Oui,** j'aime **cette actrice depuis très longtemps.**
위 쥄 쎄뜨 아흐트히쓰 드쀠 트헤 롱떵
맞아요, 저는 이 배우를 아주 오래전부터 좋아했어요.

더 알아보기

Regardez, c'est ~ 이것 보세요, ~에요
C'est pas vrai ! 말도 안 돼! 맙소사! 등

* 문법상 Ce n'est pas vrai라고 써야 맞지만, 일상 구어체에서는 n가 생략되면서 C'est pas vrai라고 사용되곤 합니다.

연습하기

» **J'aime ton pantalon, il te va bien.**

쥄 똥 뻥따롱 일 뜨 바 비앙

너의 바지가 마음에 들어, 너에게 잘 어울려.

» **J'adore le goût de ce cocktail.**

쟈도흐 르 구 드 쓰 꼭떼일

이 칵테일 맛이 너무 좋아요.

» **J'adore mes neveux.**

쟈도흐 메 뇌뵈

저는 제 조카들을 정말 좋아해요.

» **J'aime offrir des cadeaux à mes proches.**

쥄 오프히흐 데 까도 아 메 프호슈

저는 가까운 사람들에게 선물하기를 좋아해요.

» **J'aime écrire au stylo à plume.**

쥄 에크히-호 쓰띨로 아 쁠륌

만년필로 글씨 쓰기를 좋아해요.

» **J'adore les friandises.**

쟈도흐 레 프히엉디즈

단것을 참 좋아해요.

01   저는 샐러드를 좋아해요, 당신은요?

🔊 J'aime **les salades, et vous ?**

02   저는 이색동물들을 좋아해요.

🔊 J'aime **les animaux exotiques.**

03   저는 전자 음악을 참 좋아해요.

🔊 J'adore **la musique électronique.**

04   저는 비 올 때 운전하는 것을 좋아합니다.

🔊 J'aime **conduire quand il pleut.**

05   저는 서핑을 좋아해서 여름마다 합니다.

🔊 J'aime **surfer donc j'en fais chaque été.**

06   저는 크루와상을 매우 좋아해요, 얼마나 맛있는지 몰라요.

🔊 J'adore **les croissants, ils sont tellement bons.**

07   저는 특히 SF소설을 좋아해요.

🔊 J'aime **surtout les romans de science-fiction.**

08   저는 가족과 함께 시간을 보내는 것을 좋아해요.

🔊 J'aime **passer le temps avec ma famille.**

단어장

salade (샐러드) | animal exotique (이색동물) | musique électronique (전자 음악) | conduire (운전하다) | pleuvoir (비가 오다) | surfer (서핑을 하다) | chaque (매~, ~마다) | été (여름) | croissant (크루와상) | bon (맛있는) | science-fiction (공상과학) | roman (소설) | passer le temps avec qn (~와 시간을 보내다) | famille (가족)

다음 빈칸에 들어갈 알맞은 말을 모두 고르세요!

01 저는 가까운 사람들과 시간 보내기를 좋아해요.

J'aime _____ avec les proches.

a) pass mon temps
b) passer temps
c) passer la temps
d) passer mon temps

02 저는 조카들에게 선물하기를 좋아해요.

J'aime _____ à mes neveux.

a) offer des cadeaux
b) offrir cadeau
c) offrer des cadeaux
d) offrir des cadeaux

03 저는 이 배우를 매우 좋아합니다.

_____ cet acteur.

a) J'aime beaucoup
b) J'adore
c) J'aime
d) J'addore

04 저는 샐러드와 크루와상을 좋아해요.

J'aime les salades et _____.

a) mes croissants
b) ce croissant
c) les croissants
d) des croissants

05 저는 단것의 맛을 좋아해요.

J'aime beaucoup _____ des friandises.

a) la goût
b) le goût
c) goûts
d) le gout

정답

01. d) '~와 시간을 보내다'는 passer le temps, 주어가 je이니 passer mon temps이겠죠?
02. d) '선물하다'는 offrir des cadeaux또는 offrir un cadeau로 -ir로 끝나는 동사입니다!
03. a, b) '매우 좋아하다'는 J'aime beaucoup 또는 j'adore로 표현할 수 있습니다.
04. c) 크루와상 앞에 붙는 관사에 주의해주세요! les를 사용하셔야 해요!
05. b) '맛'은 goût이고, 남성 명사입니다! 부호에 주의해주세요!

공포영화는 딱 질색해요.

- Détester동사는 '싫어요, 질색해요'의 의미를 갖습니다. Je déteste가 Je n'aime pas보다는 조금 더 강한 표현이라고 생각하시면 뉘앙스 차이를 느끼실 수 있을 거예요. 싫어하는 것을 확실하게 표현해 볼까요?

회화 톡!

A : Quel genre de film vous aimez ?

껠 정흐 드 필므 부-제메

어떤 장르의 영화를 좋아하세요?

B : J'aime un peu de tout mais je déteste les films d'horreurs.

젬 앙 쁘 드 뚜 메 쥬 데떼쓰뜨 레 필므 도회흐

전반적으로 다 좋아하는데, 공포영화는 딱 질색해요.

A : Je vois, moi, je déteste quand la fin est trop évidente.

주 부아 무와 주 데떼쓰뜨 껑 라 팡 에 트호-뻬비덩뜨

그렇군요, 저는 결말이 너무 뻔할 때가 정말 싫어요.

B : C'est vrai, je déteste voir ce genre de film.

쎄 브헤 주 데떼쓰뜨 부아흐 쓰 정흐 드 필므

맞아요, 그런 류의 영화는 정말 보고 싶지 않아요.

더 알아보기

의미에 따라 détester 뒤에 명사, 동사 또는 quand + (평서문)이 따를 수 있어요.
- Je déteste + (명사)   ~이/가 싫다
- Je déteste + (동사)   ~하는 것이 싫다
- Je déteste + quand + (평서문)   ~할 때 싫다

» **Je déteste l'hiver.**

주 데떼쓰뜨 리베흐

저는 겨울이 정말 싫어요.

» **Je déteste faire du camping.**

주 데떼쓰뜨 페흐 듀 껑뼁-

저는 캠핑 하는 것을 싫어해요.

» **Je déteste quand les gens viennent en retard.**

주 데떼쓰뜨 껑 레 젱 비엔-떵 흐따흐

저는 사람들이 늦을 때가 싫어요.

» **Je déteste prendre du poids.**

주 데떼쓰뜨 프헝드흐 듀 뿌아

저는 몸무게가 느는 것이 너무 싫어요.

» **Je déteste tout ce qui est politique.**

주 데떼쓰뜨 뚜 쓰 끼 에 뽈리띠끄

저는 정치적인 것은 다 싫어요.

» **Je déteste les malentendus.**

주 데떼쓰뜨 레 말렁떵듀

저는 오해가 정말 싫어요.

따라하기 이제 원어민 음성을 듣고, 함께 따라 해봅시다!

01 저는 딸기주스를 싫어해요.

🔊 **Je déteste le jus de fraise.**

02 저는 배를 타고 여행하는 것이 싫어요.

🔊 **Je déteste voyager en bateau.**

03 물건들이 고장 날 때 정말 싫어요.

🔊 **Je déteste quand les objets tombent en panne.**

04 저는 예상치 못한 문제를 싫어해요.

🔊 **Je déteste les imprévus.**

05 이 회색 셔츠가 싫어요.

🔊 **Je déteste cette chemise grise.**

06 이 TV 프로그램을 싫어해요.

🔊 **Je déteste cette émission de télévision.**

07 복사하는 것을 싫어해요.

🔊 **Je déteste faire des photocopies.**

08 혼자라고 느끼는 것이 싫어요.

🔊 **Je déteste me sentir seul.**

단어장

jus de fraise (딸기주스) | voyager (여행하다) | bateau (배) | objet (물건) | tomber en panne (고장이 나다) | obstacle (장애물, 문제) | imprévu (예상치 못한) | chemise (셔츠) | gris (회색의) | émission de télévision (tv 프로그램) | faire des photocopies (복사하다) | se sentir seul (혼자라고 느끼다)

다음 빈칸에 들어갈 알맞은 말을 모두 고르세요!

01 공포영화는 딱 질색해요.

_____ les films d'horreurs.

a) Je déteste   b) Je deteste   c) Je détest   d) Je dèteste

02 저는 혼자 여행하는 것을 싫어해요.

Je déteste _____.

a) voyager seul   b) voyager seule   c) seul voyager   d) seule voyager

03 저는 TV프로그램을 보는 것을 싫어해요.

Je déteste _____ de télévision.

a) voir les émission   b) les émissions voir
c) voir les èmissions   d) voir les émissions

04 저는 뻔한 사람들이 싫어요.

Je déteste les gens trop _____.

a) évident   b) évidente   c) évidents   d) évidentes

05 저는 이 회색 배가 싫어요.

Je déteste ce _____.

a) bateau grise   b) grise bateau   c) gris bateau   d) bateau gris

---

정답

01. a)   Je déteste의 올바른 철자를 기억해주세요! è가 아닌 é가 들어갑니다!

02. a, b) 한국어로는 '혼자 여행하다'이지만 불어로는 어순이 달라서 '여행하다 혼자'가 됩니다.

03. d)   마찬가지로 'TV 프로그램을 보다'는 불어로 '보다 프로그램 TV'순서가 됩니다.

04. c)   les gens은 남성 복수입니다. 즉, évidents으로 성과 수를 일치시켜줍니다.

05. d)   '회색 배'는 bateau gris가 되겠죠? ce를 통해 bateau가 남성 명사임을 확인할 수 있어요!

26 액션영화를 더 좋아해요.

- Préférer동사로는 'B보다 A를 더 좋아해요'와 같이 선호도를 표현할 수 있습니다. Je préfère 패턴 함께 살펴볼까요?

👆 **회화 톡!**

A : **Entre les films d'actions et d'amours, qu'est-ce que vous préférez ?**

엉트흐 레 필므 닥씨옹 에 다무흐 께쓰끄 부 프헤페헤

액션영화와 로맨스영화 중에서 무엇을 더 좋아하세요?

B : **Moi, je préfère les films d'actions aux films d'amours.**

무아 주 프헤페흐 레 필므 닥씨옹 오 필므 다무흐

저는 로맨스 영화보다 액션영화를 더 좋아해요.

A : **Et cette fois, entre les films de guerre et de science-fiction ?**

에 쎄뜨 푸아 엉트흐 레 필므 드 게흐 에 드 씨엉쓰 픽씨옹

이번에는 전쟁영화와 SF영화 중에서는요?

B : **Je préfère les films de science-fiction plutôt que les films de guerre.**

주 프헤페흐 레 필므 드 씨엉쓰 픽씨옹 쁠류또 끄 레 필므 드 게흐

저는 전쟁영화보다는 SF영화를 더 좋아해요.

✌ **더 알아보기**

A를 더 좋아해요	Je préfère A
B보다 A를 더 좋아해요	Je préfère A à B Je préfère A plutôt que B

* 한국어에서는 B보다 A를 / A를 B보다 순서로 모두 사용이 가능하지만 프랑스어에서는 A à B 또는 A plutôt que B 순서를 무조건 지켜서 사용해야 합니다!

» **Je préfère vivre en ville plutôt qu'à la campagne.**
주 프레페흐 비브-헝 빌 쁠류또-꺌-라 껑빠뉴
농촌에서 사는 것보다 도시에서 사는 게 더 좋아요.

» **Je préfère me taire quand il y a beaucoup de monde.**
주 프헤페흐 므 떼흐 껑 일-리아 보꾸 드 몽드
사람이 많을 땐 그냥 조용히 있는게 더 좋아요.

» **Je préfère manger à la cantine.**
주 프헤페흐 멍줴 알-라 껑띤
저는 구내식당에서 먹는 게 더 좋아요.

» **Je préfère le saphir au rubis.**
주 프헤페흐 르 사피흐 오 휴비
저는 루비보다 사파이어가 더 좋아요.

» **Je préfère lire plutôt qu'écouter de la musique.**
주 프헤페흐 리흐 쁠류또 께꾸떼 들-라 뮤직
저는 음악을 듣는 것보다 책 읽는 것이 좋아요.

» **Je préfère me baigner à la plage.**
주 프헤페흐 므 베녜 알-라 쁠라쥬
저는 바닷가에서 수영하는 게 더 좋아요.

01   저는 피자보다 햄버거를 좋아해요.

🔊 **Je préfère les hamburgers aux pizzas.**

02   저는 중간에 포기하는 것보다 끝까지 시도하는 게 더 좋아요.

🔊 **Je préfère essayer jusqu'au bout plutôt que de renoncer au milieu.**

03   저는 다른 계절보다 봄이 좋아요.

🔊 **Je préfère le printemps plutôt que les autres saisons.**

04   저는 행복한 것이 더 좋아요.

🔊 **Je préfère être heureux.**

05   저는 일출보다 일몰이 더 좋아요.

🔊 **Je préfère le coucher du soleil au lever du soleil.**

06   저는 이 화가의 그림이 더 좋아요.

🔊 **Je préfère le tableau de ce peintre.**

07   저는 긍정적인 사람이 더 좋아요.

🔊 **Je préfère les personnes optimistes.**

08   나는 보라색이 다른 색보다 좋아.

🔊 **Je préfère le violet aux autres couleurs.**

단어장

hamburger (햄버거) | pizza (피자) | essayer (시도하다, 도전하다) | jusqu'au bout (끝까지)
| renoncer (포기하다) | au milieu (중간에) | printemps (봄) | saison (계절) | heureux (
행복한) | coucher du soleil (일몰) lever du soleil (일출) | tableau (그림) | peintre (화가) |
optimiste (긍정적인) | violet (보라색) | couleur (색)

다음 빈칸에 들어갈 알맞은 말을 모두 고르세요!

01 저는 로맨스 영화를 더 좋아해요.

_____ **les films d'amour.**

a) Je préfére   b) Je prefère   c) Je prefere   d) Je préfère

02 저는 행복한 사람이 더 좋아요.

Je préfère les personnes _____.

a) heureux   b) heureuse   c) heureuses   d) heureus

03 저는 이 화가가 다른 화가들보다 더 좋아요.

Je préfère ce peintre _____ autres peintres.

a) aux   b) à   c) au   d) plutôt que les

04 저는 이 보라색 그림이 더 좋아요.

Je préfère ce _____.

a) violet tabeau   b) table violet   c) tableau violet   d) table violet

05 저는 음악을 듣는 게 더 좋아요.

Je préfère _____.

a) écouter la musique   b) écouter de la musique
c) écouter   d) musique

정답

01. d)   동사 원형과 달라지는 부호에 주의해주세요! (Préférer / Je préfère)
02. c)   personnes에 맞춰서 heureuses로 성과 수를 일치해 줍니다.
03. a, d)   autres peintres가 복수임을 잊지 말고, aux 또는 plutôt que les를 사용합니다!
04. c)   '그림'은 table가 아닌 tableau죠? 헷갈리지 않게 주의해 주세요!
05. b)   de를 잊지 말고 꼭 넣어주세요! '음악을 듣다'는 écouter de la musique입니다!

프랑스 영화에 관심이 많아요.

• '~에 관심이 많아요'는 s'intéresser 동사를 써서 Je m'intéresse à + ~ 형식으로 패턴이 이루어집니다. 대상은 사람이 될 수도, 사물이 될 수도, 어떤 활동이 될 수도 있겠죠?

👆 회화 톡!

A : **Récemment, je m'intéresse aux films français.**

헤싸멍 주 망떼헤-쏘 필므 프헝세

최근 들어, 프랑스 영화에 관심이 많아요.

B : **Vous vous intéressez seulement aux long-métrages ?**

부 부-쟝떼헤쎄 쐴멍 오 롱 메트하쥬

장편 영화에만 관심이 있으신 건가요?

A : **Oui, plutôt, mais je m'intéresse aussi aux court-métrages.**

위 쁠류또 메 쥬 망떼헤-쏘씨 오 꾸흐 메트하쥬

네, 그런 편이죠. 그런데 단편 영화에도 관심이 있어요.

✌ 더 알아보기

단순히 관심이 있다/없다의 표현을 넘어서, 'A에만 관심이 있다' 또는 'B에도 관심이 있다'와 같이 말을 할 때에는 아래의 두 단어를 사용하시면 된답니다.

~만 = seulement
~도 = aussi

이때 seulement과 aussi는 Je m'intéresse와 à 사이에 위치합니다.

연습하기

» **Malheureusement,** je m'intéresse à **trop de choses.**

말뢰회즈멍 주 망떼헤쓰-아 트호 드 쇼즈

안타깝게도 저는 너무 많은 것에 관심이 있어요.

» Je m'intéresse aux **sciences économiques depuis l'année dernière.**

주 망떼헤쓰 오 씨엉쓰-제꼬노미끄 드뛰 라네 데흐니에흐

저는 작년부터 경제학에 관심을 가졌어요.

» **Crois-moi,** je m'intéresse seulement à **toi.**

크후와 무와 주 망떼헤쓰 쐴멍 아 뚜와

믿어줘, 난 오직 너에게만 관심이 있어.

» Je m'intéresse aux **problèmes écologiques.**

주 망떼헤쓰-오 프호블렘 제꼴로지끄

저는 환경 문제에 관심이 많아요.

» Je m'intéresse aussi à **la culture française.**

주 망떼헤-쏘씨 알-라 꿀뜌흐 프헝세즈

저는 프랑스 문화에도 관심이 많아요.

» Je m'intéresse à **la cuisine mais je ne suis pas un cordon-bleu.**

주 망떼헤쓰-알-라 뀌이진 메 주 느 쓰위 빠-장 꼬흐동 블루

저는 요리에 관심이 많지만 솜씨 좋은 요리사는 아니에요.

따라하기 이제 원어민 음성을 듣고, 함께 따라 해봅시다!

01 저는 전기차에 관심이 많아요.

🔊 **Je m'intéresse aux voitures électriques.**

02 저는 심리학에 관심이 많아요.

🔊 **Je m'intéresse à la psychologie.**

03 저는 암호 화폐에 관심이 많아요.

🔊 **Je m'intéresse aux cryptomonnaies.**

04 저는 특히 이 연구 결과에 관심이 많아요.

🔊 **Je m'intéresse surtout aux résultats de ces recherches.**

05 저는 관심사가 아주 좁아요.

🔊 **Je m'intéresse à très peu de choses.**

06 저는 이 지역에 관심이 많아요.

🔊 **Je m'intéresse à cette région.**

07 이 신문 기사에 관심이 가네요.

🔊 **Je m'intéresse à cet article de journal.**

08 이 현상에 관심이 있어요.

🔊 **Je m'intéresse à ce phénomène.**

단어장

voiture électrique (전기차) | psychologie (심리학) | crypto monnaie (암호 화폐) | résultat (결과) | surtout (특히) | recherche (연구) | peu (조금) | chose (것) | région (지역) | article de journal (신문 기사) | phénomène (현상)

01   저는 심리학 연구에 관심이 많아요.

_____ aux recherches pshychologiques.

a) Je mintéresse   b) Je m'untéresse   c) Je m'intéresse   d) Je m'intèresse

02   저는 당신에게만 관심이 있어요.

Je m'intéresse _____ à vous.

a) seulment   b) seulement   c) seulemant   d) seulmant

03   프랑스 문화에 관심이 많아요.

Je m'intéresse _____ la culture française.

a) à   b) a   c) au   d) aux

04   이 차에 관심이 많아요.

Je m'intéresse _____ voitures.

a) au   b) à   c) a   d) aux

05   저는 결과에도 관심이 있습니다.

Je m'intéresse _____ aux résultats.

a) surtout   b) peu   c) trop   d) aussi

정답

01. c)   Je m'intéresse의 정확한 철자를 확인하고 넘어갑시다!
02. b)   '~만'의 의미를 살리기 위해서는 seulement을 써주면 되겠죠?
03. a)   culture는 여성 단수이기 때문에 à la로 연결해 주는 것 잊지 마세요!
04. d)   voitures는 여성 복수이기 때문에 aux로 연결해 줍니다.
05. d)   '~도'는 aussi로 표현해 주면 된답니다.

28 언젠가 칸 영화제에 가고 싶어요.

- Aimer동사를 조건법 시제로 사용하게 되면 '~하면 좋겠어요' 또는 '~하고 싶어요'라는 의미를 가집니다. 그럼 J'aimerais (I would like)를 통해 바람을 한번 표현해 볼까요?

회화 톡!

A : **J'aimerais visiter un jour le festival de Cannes.**

쥬므헤 비지떼 앙 쥬흐 르 페스띠발 드 깐

언젠가 칸 영화제에 가고 싶어요.

B : **J'aimerais y aller moi aussi.**

쥬므헤-지 알레 무와 오씨

저도 (그곳에) 가고 싶네요.

A : **J'aimerais monter sur l'estrade comme les stars !**

쥬므헤 몽떼 쓔흐 레쓰트하드 꼼 레 쓰따흐

스타들처럼 단상에 오르고 싶어요!

B : **Non, ce n'est pas possible d'y monter !**

농 쓰 네 빠 뽀씨블르 디 몽떼

아뇨, 그 위에 올라가는 것은 불가능해요!

더 알아보기

중성대명사 y

y는 주로 장소나 방향을 나타내는 전치사들과 함께 쓰이는 명사를 대신해요.

Ex J'aimerais aller au festival de Cannes. → J'aimerais y aller.

이처럼 y는 à + (명사) 이외에도 dans, sur, chez, en + (명사)를 대신하여 쓰인답니다.

연습하기

» **J'aimerais vous présenter mes collègues.**

쥄므헤 부 프헤정떼 메 꼴레그

저의 동료들을 소개해 주고 싶어요.

» **Chloé, j'aimerais te parler.**

끌로에 쥄므헤 뜨 빠흘레

끌로에, 너하고 이야기 좀 하고 싶어.

» **J'aimerais voyager dans l'espace.**

쥄므헤 부와야줴 덩 레쓰빠쓰

저는 우주여행을 하고 싶어요.

» **J'aimerais assister à un concert de musique classique.**

쥄므헤 아씨쓰떼 아 앙 꽁쎄흐 드 뮤쥑 끌라시끄

저는 클래식음악 콘서트에 가고 싶어요.

» **J'aimerais éviter toutes sortes de problèmes.**

쥄므헤 에비떼 뚜뜨 쏘흐뜨 드 프호블렘

저는 갖가지 문제들을 피하고 싶어요.

» **J'aimerais avoir votre avis.**

쥄므헤 아부아흐 보트-하비

저는 당신의 의견이 알고 싶어요.

01   몇 가지 중요한 점을 강조하고 싶어요.

🔊 J'aimerais **souligner quelques points importants.**

02   이곳에서 일하고 싶어요.

🔊 J'aimerais **travailler ici.**

03   어려움에 처한 사람들을 돕고 싶어요.

🔊 J'aimerais **aider les personnes en difficulté.**

04   그를 종종 만나고 싶어요.

🔊 J'aimerais **le rencontrer de temps en temps.**

05   여러분에게 감사의 말을 전하고 싶어요.

🔊 J'aimerais **vous remercier.**

06   수험생 모두를 응원하고 싶어요.

🔊 J'aimerais **encourager tous les candidats.**

07   나중에 (이곳에) 다시 오고 싶어요.

🔊 J'aimerais **y revenir plus tard.**

08   이어폰을 끼고 싶어요.

🔊 J'aimerais **mettre des écouteurs.**

단어장

souligner (강조하다, 밑줄 치다) | point important (중요한 점) | travailler (일하다) | ici (여기, 이곳) | aider (돕다) | personne en difficulté (어려움에 처한 사람) | rencontrer (만나다) | de temps en temps (종종) | remercier (감사하다) | encourager (응원하다) | candidat (수험생) | revenir (돌아오다, 다시 오다) | plus tard (나중에) | mettre des écouteurs (이어폰을 끼다)

다음 빈칸에 들어갈 알맞은 말을 모두 고르세요!

01 당신하고 이야기 좀 하고 싶어요.

_____ vous parler.

a) Je aimerais   b) J'aime   c) Je aime   d) J'aimerais

02 나중에 이곳에 다시 오고 싶어요.

J'aimerais _____ revenir plus tard.

a) y   b) à   c) chez   d) dans

03 수험생들에게 감사의 말을 전하고 싶어요.

J'aimerais remercier _____.

a) des candidats   b) le candidat   c) la candidate   d) les candidats

04 나는 당신을 돕고 싶어요.

J'aimerais _____.

a) m'aider   b) aider vous   c) vous aider   d) nous aider

05 저는 콘서트에 가고 싶어요.

J'aimerais _____ à un concert.

a) aller   b) assister   c) mettre   d) rencontrer

정답

01. d)   '~하고 싶어요'는 J'aimerais입니다!
02. a)   중성대명사 'y'의 용법 잊지 마세요!
03. d)   '수험생들'은 les candidats입니다. 관사에 주의해 주세요.
04. c)   '당신을 돕다'는 vous aider입니다!
05. a, b) '콘서트 가다'로는 aller와 assister 둘 모두 사용할 수 있답니다.

29 # 휴대전화를 무음으로 설정해야 해요.

• Devoir 동사를 사용해서 '꼭 ~ 해야 해요'를 배웠었죠? 이번에는 비인칭 주어 il 하고만 사용되는 특별한 동사인 Falloir를 사용한 표현, il faut + (동사) 패턴을 함께 배워봅시다!

👆 회화 톡!

A : **Le film commence dans 15 minutes !**

르 필므 꼬멍쓰 덩 깽즈 미뉴뜨

영화가 15분 뒤에 시작해요!

B : **Il faut passer aux toilettes avant que cela ne commence !**

일 포 빠쎄 오 또왈렛 아벙 끄 쓸라 느 꼬멍쓰

시작하기 전에 화장실에 들러야 해요.

A : **Bien, et il faut acheter des pop-corn.**

비앙 에 일 포 아슈떼 데 뽑꼬흑느

그래요, 그리고 팝콘도 사야 해요.

B : **Et surtout, il faut mettre son portable en mode silencieux.**

에 쓔흐뚜 일 포 메트흐 쏭 뽀흐따블르 엉 모드 씰렁씨외

그리고 무엇보다, 휴대전화를 무음으로 설정해야 해요.

👆 더 알아보기

Dans을 활용해 '~뒤에' 표현하기

Dans ~ minutes	~분 뒤에	Dans ~ heures	~시간 뒤에
Dans ~ jours	~일 뒤에	Dans ~ semaines	~주 뒤에
Dans ~ ans	~년 뒤에		

» **Il faut se brosser les dents tous les jours.**
일 포 쓰 브호쎄 레 덩 뚜레쥬흐
매일 양치질을 해야 해요.

» **Il faut prendre des médicaments.**
일 포 프헝드흐 데 메디꺄멍
약을 복용해야 해요.

» **Avant de partir, il faut savoir une chose.**
아벙 드 빠흐띠흐 일 포 싸부와흐 윈 쇼즈
떠나기 전에, 한 가지 알아두셔야 해요.

» **Il faut arriver dans 20 minutes.**
일 포 아히베 덩 뱅 미뉴뜨
20분 뒤에(안으로) 도착해야 해요.

» **Il faut tourner à droite après la boulangerie.**
일 포 뚜흐네 아 드후와뜨 아프헤 라 불렁쥬히
빵집을 지나서 우회전해야 해요.

» **Aujourd'hui, il faut se coucher avant 23 heures.**
오쥬흐뒤 일 포 쓰 꾸쉐 아벙 뱅트후와-죄흐
오늘은 밤 11시 전에 자야 해요.

01 주말 동안 세차를 해야 해요.
🔊 Il faut **laver la voiture pendant le week-end.**

02 인생을 즐겨야 해요.
🔊 Il faut **profiter de la vie.**

03 사랑한다고 늘 말해야 해요.
🔊 Il faut **toujours dire « je t'aime ».**

04 기회를 잡아야 해요.
🔊 Il faut **saisir les opportunités.**

05 서로서로 존중해야 해요.
🔊 Il faut **se respecter les uns les autres.**

06 생각한 대로 살아야 해요.
🔊 Il faut **vivre comme on pense.**

07 내일은 일찍 일어나야 해요.
🔊 Il faut **se lever tôt demain.**

08 소리 내어 따라 해야 해요.
🔊 Il faut **répéter à voix haute.**

단어장

laver la voiture (세차하다) | week-end (주말) | profiter de la vie (인생을 즐기다) | toujours (항상, 늘) | dire (말하다) | je t'aime (사랑해) | saisir les opportunités (기회를 잡다) | se respecter (존중하다) | les uns les autres (서로서로) | vivre (살다) | penser (생각하다) | se lever (일어나다) | tôt (일찍) | demain (내일) | répéter (따라 하다) | à voix haute (소리 내어, 큰 소리로)

다음 빈칸에 들어갈 알맞은 말을 모두 고르세요!

01 먼저 팝콘을 사야 해요.

Il faut _____ acheter des pop-corn.

a) abord   b) de abord   c) d'abord   d) d'aborde

02 휴대전화를 무음으로 설정해야 해요.

Il faut mettre son portable _____.

a) en mode silence   b) à mode silencieux

c) en mode silencieux   d) à mode silence

03 오늘은 일찍 자야 해요.

Aujourd'hui, il faut _____.

a) se coucher tôt   b) se lever tôt   c) coucher tôt   d) lever tôt

04 내일은 세차를 해야 해요.

_____ il faut laver la voiture.

a) Aujourd'hui   b) Demain   c) Avant   d) Week-end

05 서로서로 존중해야 해요.

Il faut se respecter _____.

a) le un le autre   b) les uns le autre

c) le un les autres   d) les uns les autres

정답

01. c)   '먼저'는 d'abord입니다, 정확한 철자를 확인해 주세요!
02. c)   '무음으로'는 en mode silencieux입니다. silence는 '침묵'을 뜻하는 명사랍니다.
03. a)   se coucher는 '자다' 그리고 se lever는 '일어나다'입니다.
04. b)   '내일'은 demain이 되겠죠?
05. a)   '서로서로'는 les uns les autres 네 개의 단어로 이루어져있습니다. 모두 's'로 끝나죠!

사람들을 방해하지 마세요.

• Il faut가 '~해야 해요' 였다면 Il ne faut pas는 무슨 의미일까요? 맞아요, 바로
'~하면 안 돼요'라는 의미를 가집니다. 하면 안 되는 일, 뭐가 있는지 함께 살펴볼까요?

👆 **회화 톡!**

A : **Au cinéma, il ne faut pas déranger les autres.**
오 씨네마 일 느 포 빠 데헝줴 레-조트흐

영화관에서 사람들을 방해하지 마세요.

B : **Comme vous le savez bien, il ne faut jamais faire du bruit.**
꼼 부 르 싸베 비앙 일 느 포 쟈메 페흐 듀 브흐위

잘 아시다시피 절대 소리를 내면 안 돼요.

A : **De plus, il ne faut pas prendre de photos.**
드 쁠류쓰 일 느 포 빠 프헝드흐 드 포또

그리고 사진을 찍지 마세요.

 더 알아보기

Comme vous le savez bien~   잘 아시다시피
Comme tu le sais bien~   잘 알다시피

Pas 대신에 jamais를 사용하면 '절대 안 돼요'라는 표현이 됩니다.

» **Il ne faut pas croire tout le monde.**

일 느 포 빠 크후와흐 뚤-르 몽드

모든 사람을 믿으면 안 돼요.

» **Il ne faut jamais prononcer le « s ».**

일 느 포 쟈메 프호농쎄 르 에쓰

절대 's'를 발음 하면 안 돼요.

» **Il ne faut pas confondre le rêve et la réalité.**

일 느 포 빠 꽁퐁드흐 르 헤브 엘-라 헤알리떼

꿈과 현실을 헷갈리지 마세요.

» **Il ne faut pas perdre trop de kilos.**

일 느 포 빠 뻬흐드흐 트호 드 낄로

몸무게를 너무 많이 빼면 안 돼요.

» **Il ne faut pas utiliser cet appareil.**

일 느 포 빠 유띨리제 쎄-따빠헤이

이 기기를 사용하지 마세요.

» **Comme vous le savez, il ne faut pas garer la voiture ici.**

꼼 부 르 싸베 일 느 포 빠 갸헤 라 브와뜌-히씨

아시다시피 이곳에 주차를 하면 안 돼요.

01 그의 생일을 잊으면 안 돼요.

🔊 Il ne faut pas **oublier son anniversaire.**

02 물을 낭비하면 안 돼요.

🔊 Il ne faut pas **gaspiller l'eau.**

03 절대 무례하게 행동하면 안 돼요.

🔊 Il ne faut jamais **être malpoli.**

04 이 일로 머리 아플 필요 없어요.

🔊 Il ne faut pas **se casser la tête pour ça.**

05 웃음을 잃지 마세요.

🔊 Il ne faut pas **perdre son sourire.**

06 거짓말을 하면 안 돼요.

🔊 Il ne faut pas **dire de mensonges.**

07 밤에 피아노를 치면 안 돼요.

🔊 Il ne faut pas **jouer au piano la nuit.**

08 복습을 벼락치기로 하지 마세요.

🔊 Il ne faut pas **réviser à la dernière minute.**

단어장

oublier (잊다) | anniversaire (생일) | gaspiller (낭비하다) | eau (물) | être malpoli (무례하게 행동하다) | se casser la tête (골 머리를 앓다) | ça (이것) | perdre (잃다) | sourire (미소) | mensonge (거짓말) | jouer au piano (피아노를 치다) | nuit (밤) | réviser (복습하다) | à la dernière minute (마지막 순간에, 벼락치기로)

다음 빈칸에 들어갈 알맞은 말을 모두 고르세요!

01 절대 모든 사람을 믿으면 안 돼요.

Il ne faut _____ croire à tout le monde.

a) pas   b) trop   c) jamais   d) toujours

02 두 기기를 헷갈리면 안 돼요.

_____ confondre les deux appareils.

a) Il ne faut pas   b) Il faut   c) Il ne faut   d) Il ne faut jamais

03 아시다시피, 낭비하시면 안 돼요.

_____, il ne faut pas gaspiller.

a) Comme vous savez le   b) Comme vous le savez

c) Comme savez vous   d) Vous le savez comme

04 골머리 앓지 마세요.

Il ne faut pas _____.

a) se caser la tête   b) se casser la tete

c) casser la tête   d) se casser la tête

05 마지막 순간에 하지 마세요.

Il ne faut pas faire _____.

a) la dernière minute   b) à la derniére minute

c) à la dernière minute   d) dernière minute

정답

01. c)   '절대'라는 뉘앙스를 주기 위해서는 pas 대신에 jamais를 사용해야 합니다!

02. a)   Il ne faut pas + (동사) 이제 익숙하시죠?

03. b)   '아시다시피'라는 표현은 Comme vous le savez입니다!

04. d)   se casser와 tête의 철자에 주의해 주세요.

05. c)   '벼락치기 하다' 또는 '마지막 순간에 하다'라는 표현은 faire à la dernière minute입니다!

A: **Qu'est-ce que vous aimez faire le soir ?**
께쓰끄 부-제메 페흐 르 쓰와흐

B: **J'aime faire du sport, seule, à la maison.**
쥉 페흐 듀 쓰뽀흐 쐴 알-라 메종

A: **Ah... Quel sport vous faites ?**
아 껠 쓰뽀흐 부 페뜨

B: **Je fais de la corde à sauter mais ces jours-ci je préfère faire du yoga.**
주 페 들-라 꼬흐-다 쏘떼 메 쎄 쥬흐 씨 쥬 프헤페흐 페흐 듀 요가

A: **Et sinon, vous avez d'autres loisirs ?**
에 씨농 부-자베 도트흐 루아지흐

B: **Je m'intéresse aux romans policiers et j'aime aussi regarder des films.**
주 망떼헤-쏘 호멍 뽈리씨에 에 쥉 오씨 흐갸흐데 데 필므

A: **Super, et si on allait au cinéma ce soir ?**
쓔뻬흐, 에 씨 오-날레 오 씨네마 쓰 쑤와흐

B: **Avec plaisir !**
아베끄 쁠레지흐

A: 주로 저녁에 뭐하세요?

B: 저는 집에서 혼자 운동하는 것을 좋아해요.

A: 아… 어떤 운동을 하시나요?

B: 줄넘기를 해요. 그런데 요즘에는 요가를 더 선호해요.

A: 그 외에 다른 취미는 없으세요?

B: 추리 소설에 관심이 많아요. 그리고 영화를 보는 것도 좋아해요.

A: 마침 잘됐네요, 오늘 저녁에 영화관 가실래요?

B: 좋아요!

정리하기

주로 저녁에 뭐하세요?	Qu'est-ce que vous aimez faire le soir ?
요가를 더 선호해요.	Je préfère faire du yoga.
저는 추리 소설에 관심이 많아요.	Je m'intéresse aux romans policiers.
오늘 저녁에 영화관 가실래요?	Si on allait au cinéma ce soir ?
기꺼이, 흔쾌히 수락하는 표현	Avec plaisir !

PARTIE

04

길에서 10마디

MP3

31 실례합니다.

- 누군가에게 모르는 것을 물어볼 때 '실례지만~'으로 문장을 시작하는 경우가 많죠? 이 표현은 프랑스어로 Excusez-moi입니다. 실제로 쓰이는 다양한 상황들을 예시로 함께 살펴봅시다!

회화 톡!

A : **Excusez-moi, puis-je vous poser une question ?**

엑쓰뀨제 무와 쀠이 주 부 뽀제 윈 께쓰띠옹

실례지만 뭐 하나만 여쭤볼 수 있을까요?

B : **Excusez-moi, qu'est-ce que vous avez dit ?**

엑쓰뀨제 무와 께쓰끄 부-자베 디

죄송해요, 뭐라고 하셨나요?

A : **J'ai une petite question, c'est...**

줴 윈 쁘띠뜨 께쓰띠옹 쎄

잠깐 뭐 좀 여쭤보려고요, 그...

B : **Ah, excusez-moi, je dois y aller, je suis pressé.**

아 엑쓰뀨제 무와 주 두와 이 알레 쥬 쓰위 프헤세

아, 죄송해요. 제가 좀 급해서 가봐야 할 것 같아요.

더 알아보기

Excusez-moi와 함께 쓰이는 단골 표현

Puis-je + (동사)   ~해도 될까요?

 Puis-je prendre une photo avec vous ?   혹시 사진 한 장 같이 찍어도 될까요?

» **Excusez-moi pour le retard.**

엑쓰뀨제 무와 뿌흐 르 흐따흐

늦어서 죄송해요.

» **Excusez-moi, puis-je vous demander l'heure ?**

엑쓰뀨제 무와 쀠이 주 부 드멍데 뢰흐

실례지만 혹시 지금 시간을 알 수 있을까요?

» **Je n'y ai pas pensé, excusez-moi.**

주 니 에 빠 뻥세 엑쓰뀨제 무와

생각지도 못 했어요, 죄송합니다.

» **Excusez-moi, mais je n'ai pas saisi votre mot.**

엑쓰뀨제 무와 메 주 네 빠 쎄지 보트흐 모

죄송하지만, 말씀하신 내용을 이해하지 못했어요.

» **Excusez-moi de vous interrompre, mais nous devons partir.**

엑쓰뀨제 무와 드 부-쟝떼홍쁘흐 메 누 드봉 빠흐띠흐

말을 끊어서 죄송한데, 이제 출발해야 할 시간입니다.

» **Excusez-moi, où se trouve la poste ?**

엑쓰뀨제 무와 우 쓰 트후브 라 뽀쓰뜨

실례지만, 우체국이 어디 있나요?

01 더 일찍 답장하지 못해서 죄송합니다.

🔊 **Excusez-moi de ne pas vous avoir répondu plus tôt.**

02 실례지만, 여행안내소가 어디 있나요?

🔊 **Excusez-moi, je cherche l'office de tourisme.**

03 죄송해요, 질문을 이해하지 못했어요.

🔊 **Excusez-moi, je n'ai pas compris votre question.**

04 어제 일은 미안해요.

🔊 **Excusez-moi pour hier.**

05 방해해서 죄송해요.

🔊 **Excusez-moi de vous déranger.**

06 인터넷 연결 문제가 있었어요, 죄송합니다.

🔊 **Excusez-moi, j'ai eu des problèmes de connexion.**

07 컵을 깨트려서 죄송합니다.

🔊 **Excusez-moi d'avoir cassé ce verre.**

08 저기요, 계산서 좀 부탁드릴게요.

🔊 **Excusez-moi, l'addition s'il vous plaît.**

단어장

répondre (답하다, 답장하다) | plus tôt (더 일찍) | chercher (찾다) | office de tourisme (여행안내소) | comprendre (이해하다) | question (질문) | hier (어제) | déranger (방해하다) | problème (문제) | connexion (연결) | casser (깨트리다) | verre (컵, 유리) | addition (계산서)

다음 빈칸에 들어갈 알맞은 말을 모두 고르세요!

01 이 질문을 드려서 죄송해요.

_____ pour cette question.

a) Excusez moi   b) Excusez-je   c) Excusez-vous   d) Excusez-moi

02 실례지만, 우체국이 어디 있나요?

Excusez-moi, _____ la poste.

a) je cherche   b) où se trouve   c) je demande   d) s'il vous plaît

03 죄송해요, 제가 좀 급해요.

Excusez-moi, _____.

a) je suis préssé   b) je suis presse   c) je suis pressé   d) je pressé suis

04 연결 문제가 있었어요, 죄송합니다.

Excusez-moi, j'ai eu des problèmes de _____.

a) connection   b) connexion   c) connect   d) connecteur

05 저기요, 계산서 좀 받을 수 있을까요?

Excusez-moi, _____ avoir l'addition ?

a) puis-je   b) puis je   c) pui-je   d) pui je

정답

01. d)   '죄송해요'는 Excusez-moi, 이제 조금 익숙해졌죠?
02. a)   물음표만 들어간다면 b (où se trouve)도 충분히 정답이 될 수 있답니다.
03. c)   '저는' je suis, '급해요' pressé. 어순과 철자를 정확하게 기억해 주세요!
04. b)   '연결'은 영어 단어와 발음 때문에 철자가 헷갈릴 수 있어요. 꼭 'x'와 함께 써주세요!
05. a)   '~해도 될까요' 또는 '~할 수 있을까요'는 Puis-je를 사용하면 된답니다.

32 은행이 어디에 있나요?

- Où se trouve + (명사) 패턴을 통해서 '~가 어디에 있나요'라고 질문할 수 있어요. 이 패턴과 함께 다양한 장소도 함께 배워보아요!

🖐 회화 톡!

A : **Excusez-moi. Où se trouve la banque ?**
엑쓰뀨제 무와 우 쓰 투흐브 라 벙끄

실례합니다. 은행이 어디에 있나요?

B : **Elle est à côté du grand magasin.**
엘-레-따 꼬떼 듀 그헝 마갸쟝

백화점 옆에 있어요.

A : **Mais... Où se trouve le grand magasin ?**
메 우 쓰 투흐브 르 그헝 마갸쟝

그런데... 백화점이 어디에 있죠?

B : **Eh bien, à côté de la banque !**
에 비앙 아 꼬떼 드 라 벙끄

그야, 은행 옆에 있죠!

더 알아보기

위치를 나타내는 표현
à côté de ~옆에   à droite de ~오른편에   à gauche de ~왼편에

» **Où se trouve le musée du Louvre ?**

우 쓰 투흐브 르 뮤제 듀 루브흐

루브르 박물관이 어디 있나요?

» **Où se trouve l'hôpital ?**

우 쓰 투흐브 로삐딸

병원이 어디에 있나요?

» **Où se trouve le pont d'Avigon ?**

우 쓰 투흐브 르 뽕 다비뇽

아비뇽 다리가 어디에 있나요?

» **Où se trouve la librairie ?**

우 쓰 투흐브 라 리브헤히

서점이 어디에 있나요?

» **Où se trouve la mairie ?**

우 쓰 투흐브 라 메히

시청이 어디에 있나요?

» **Où se trouve la piscine ?**

우 쓰 투흐브 라 삐씬

수영장이 어디에 있나요?

01 지하철역이 어디에 있나요?

🔊 **Où se trouve la station de métro ?**

02 노트르담 대성당이 어디에 있나요?

🔊 **Où se trouve la cathédrale Notre-Dame de Paris ?**

03 약국이 어디에 있나요?

🔊 **Où se trouve la pharmacie ?**

04 시장이 어디에 있나요?

🔊 **Où se trouve le marché ?**

05 극장이 어디에 있나요?

🔊 **Où se trouve le théâtre ?**

06 공원이 어디에 있나요?

🔊 **Où se trouve le jardin public ?**

07 마르세유 도시는 어디에 있나요?

🔊 **Où se trouve la ville de Marseille ?**

08 개선문은 어디에 있나요?

🔊 **Où se trouve l'Arc de Triomphe ?**

단어장

station de métro (지하철역) | cathédrale notre-dame de paris (노트르담 대성당) | pharmacie (약국) | marché (시장) | théâtre (극장) | jardin public (공원) | ville (도시) | marseille (마르세유) | arc de triomphe (개선문)

다음 빈칸에 들어갈 알맞은 말을 모두 고르세요!

01   백화점이 어디에 있나요?

_____ le grand magasin ?

a) Où se trouve   b) Où trouve se   c) Où ce trouve   d) Où se trouv

02   아비뇽 도시는 어디에 있나요?

Où se trouve _____ ?

a) le pont d'Aignon   b) le pont d'Avignon
c) la ville d'Avignon   d) la ville d'Avinon

03   공원이 어디에 있나요?

Où se trouve _____ ?

a) le jardin publique   b) le jardin public
c) le public jardin   d) la jardin publique

04   시청이 어디에 있나요?

Où se trouve _____ ?

a) le mairie   b) la mairie   c) le maire   d) la maire

05   지하철역이 어디에 있나요?

Où se trouve _____ ?

a) la station du métro   b) le station de métro
c) la station de métro   d) le métro

정답

01. a)   '어디에 있나요'는 Où se trouve인 것 이젠 잘 아시죠?
02. c)   '아비뇽 도시'는 la ville d'Avignon, '아비뇽 다리'는 le pont d'Avignon입니다!
03. b)   jardin은 남성 단수이기 때문에 '공공'을 뜻하는 형용사 public도 성과 수를 일치해 줍니다.
04. b)   '시청'을 뜻하는 la mairie는 여성 명사입니다.
05. c)   métro는 '지하철', la station de métro가 '지하철역'입니다. 헷갈리지 마세요!

33 환전을 어디에서 할 수 있죠?

- Où est-ce que로 질문을 시작하면 어디에 가는지, 어디에 사는지, 어디에서 무엇을 하는 지 등 단순히 장소의 위치를 묻는 où se trouve보다 더 구체적인 정보에 대해 질문할 수 있 답니다. 다양한 사용법 함께 살펴봅시다.

👆 **회화 톡!**

A : **Je n'ai plus un seul euro sur moi.**

주 네 쁠류 앙 쐴 외호 쓔흐 무와

더 이상 남은 유로가 없어요.

B : **Il faut donc faire le change.**

일 포 동끄 페흐 르 셩쥬

그럼 환전을 해야겠네요.

A : **Où est-ce qu'on peut changer ?**

우 에쓰꽁 쁘 셩줴

환전을 어디에서 할 수 있죠?

B : **À la banque, bien sûr.**

알-라 벙끄 비앙쓔흐

그야 당연히 은행이죠.

✌ **더 알아보기**

기본 부정문이 ne + pas라면 아래와 같이 pas 대신 plus, jamais, rien, personne를 넣어줄 수 있습니다 :

| Ne + plus | 더 이상~ 아니다 | Ne + jamais | 절대~ 아니다 |
| Ne + rien | 아무것도~ 아니다 | Ne + personne | 아무도~ 아니다 |

» **Où est-ce qu'on peut voir une étoile filante ?**

우 에쓰꽁 쁘 부아흐 윈 에뚜왈 필렁뜨

별똥별을 어디에서 볼 수 있나요?

» **Où est-ce que tu habites ?**

우 에쓰끄 뜌 아비뜨

어디에 사니?

» **Où est-ce que vous prenez vos cours de tennis ?**

우 에쓰끄 부 프흐네 보 꾸흐 드 떼니쓰

테니스 수업 어디에서 들으세요?

» **Où est-ce qu'on peut acheter des pêches ?**

우 에쓰꽁 쁘 아슈떼 데 뻬슈

복숭아를 어디에서 살 수 있나요?

» **Où est-ce qu'ils vont pour leur voyage scolaire ?**

우 에쓰낄 봉 뿌흐 뢰흐 부와야쥬 쓰꼴레흐

(그들은) 수학여행으로 어디에 가나요?

» **Où est-ce que je dois mettre ma veste ?**

우 에쓰끄 쥬 두와 메트흐 마 베스트

제 겉옷을 어디에 놓아야 하나요?

01 이 정보를 어디에서 찾을 수 있죠?

🔊 **Où est-ce qu'on peut trouver ces données ?**

02 결과를 어디에서 확인할 수 있나요?

🔊 **Où est-ce qu'on peut vérifier les résultats ?**

03 내가 지금 어디에 있는 거지?

🔊 **Où est-ce qu'on se trouve maintenant ?**

04 어디가 문제가 되는 거죠?

🔊 **Où est-ce que cela pose des problèmes ?**

05 방학 때 어디 가고 싶어?

🔊 **Où est-ce que tu veux aller pendant les vacances ?**

06 이런 건 어디서 찾으셨나요?

🔊 **Où est-ce que vous trouvez ces choses-là ?**

07 어느 부분에 동의를 안 하시나요?

🔊 **Où est-ce que vous n'êtes pas d'accord ?**

08 오로라를 어디에서 관찰할 수 있나요?

🔊 **Où est-ce qu'on peut observer l'aurore ?**

단어장

trouver (찾다, 구하다) | donnée (정보, 데이터) | vérifier (확인하다) | résultat (결과) | là (여기) | maintenant (지금) | poser des problèmes (문제가 되다) | aller (가다) | vacances (방학) | ces choses-là (이런 것들) | ne pas être d'accord (동의하지 않다) | observer (관찰하다) | aurore (오로라)

다음 빈칸에 들어갈 알맞은 말을 모두 고르세요!

01 어디에 사세요?

_____ vous habitez ?

a) Où est ce que   b) Où est-ce que   c) Où est que   d) Ou est-ce que

02 겉옷을 어디에서 살 수 있나요?

Où est-ce qu'on peut _____.

a) acheter une veste   b) acheter ma veste
c) trouver un veste   d) vérifier une veste

03 복숭아를 구하러 (그들은) 어디로 가나요?

Où est-ce qu'_____ pour trouver des pêches ?

a) ils vont   b) il va   c) on va   d) je vais

04 어느 부분에 동의를 하시나요?

Où est-ce que vous _____ ?

a) êtes d'accore   b) étes d'accord   c) êtes d'accord   d) ètes d'accord

05 더 이상 남은 유로가 없어요.

Je _____ d'euros.

a) n'ai pas   b) n'ai rien   c) n'ai jamais   d) n'ai plus

정답

01. b)   '어디'는 où, '또는'은 ou입니다. 헷갈리지 마세요!
02. a)   veste는 여성 명사입니다.
03. a)   '그들'이 복숭아를 구하러 가는 것이기 때문에 ils vont으로 주어와 동사를 써주셔야 합니다!
04. c)   '동의하지 않다'가 ne pas être d'accord라면 '동의하다'는 être d'accord겠죠?
05. d)   '더 이상~아니다'는 ne + plus 부정문입니다.

34 근처에 우체국을 찾고 있어요.

- '~를 찾고 있어요'는 Je cherche + (찾는 대상) 이라는 간단한 패턴으로 표현할 수 있답니다. 그럼 함께 다양한 것을 찾으러 떠나볼까요?

👆 회화 톡!

A : **Qu'est-ce que c'est ?**

께쓰끄 쎄

이게 뭔가요?

B : **C'est un colis pour ma mère.**

쎄-땅 꼴리 뿌흐 마 메흐

어머니께 보낼 소포예요.

A : **Vous devez aller à la poste alors.**

부 드베 알레 알-라 뽀쓰뜨 알로흐

우체국에 가셔야 하겠네요.

B : **Justement, je cherche une poste près d'ici.**

쥬스뜨멍 주 쉐흐슈 윈 뽀쓰뜨 프헤 디씨

네, 근처에 우체국을 찾고 있어요.

👆 더 알아보기

C'est + (사물) + pour + (대상)

Ⓔⓧ C'est un cadeau pour toi.   너를 위한 선물이야.

» **Je cherche mon pantalon, tu l'as vu ?**
주 쉐흐슈 몽 빵따롱 뜔-라 뷰
내 바지를 찾고 있는데, 혹시 봤어?

» **Je cherche l'homme (la femme) de ma vie.**
주 쉐흐슈 롬므/라 팜므 드 마 비
내 인생의 동반자를 찾고 있어.

» **Je cherche de jolies boucles d'oreilles.**
주 쉐흐슈 드 죨리 부끌르 도헤이
저는 예쁜 귀걸이를 찾고 있어요.

» **Je cherche ce produit depuis des années.**
주 쉐흐슈 쓰 프호듀이 드쀠 데 쟈네
저는 이 상품을 몇 년 전부터 찾고 있어요.

» **Je cherche un endroit où dormir.**
주 쉐흐슈 앙-넝드후와 우 도흐미흐
저는 잠 잘 곳을 찾고 있어요.

» **Je cherche toujours des réponses.**
주 쉐흐슈 뚜쥬흐 데 헤뽕쓰
전 늘 정답을 찾아다녀요.

따라하기 이제 원어민 음성을 듣고, 함께 따라 해봅시다!

01 프랑스어를 하는 직원을 찾고 있어요.
🔊 Je cherche **un employé qui parle français.**

02 저는 조사를 위한 증거를 찾고 있어요.
🔊 Je cherche **des preuves pour l'enquête.**

03 저는 새 일자리를 찾고 있어요.
🔊 Je cherche **un nouvel emploi.**

04 감미로운 노래를 찾고 있어요.
🔊 Je cherche **une chanson douce.**

05 저는 저렴한 아파트를 찾고 있어요.
🔊 Je cherche **un appartement pas trop cher.**

06 안경을 찾고 있어요, 도와주세요.
🔊 Je cherche **mes lunettes, aidez-moi s'il vous plaît.**

07 보물섬을 찾고 있어요.
🔊 Je cherche **l'île aux trésors.**

08 새 영화를 위한 배우들을 찾고 있어요.
🔊 Je cherche **des acteurs pour mon nouveau film.**

단어장

employé (직원) | preuve (증거) | enquête (조사) | nouvel / nouveau (새로운) | emploi (일자리) | chanson (노래) | douce (부드러운, 감미로운) | appartement (아파트) | lunettes (안경) | aider (돕다) | île aux trésors (보물섬) | acteur (배우) | film (영화)

다음 빈칸에 들어갈 알맞은 말을 모두 고르세요!

01 저는 새로운 노래를 찾고 있어요.

Je cherche _____.

a) un nouvel chanson
b) une nouvelle chanson
c) une chanson nouveau
d) une nouvell chanson

02 저는 직원들을 찾고 있어요.

_____ des employés.

a) Je cherche
b) Je cherch
c) Je search
d) Je searche

03 저는 저렴한 안경을 찾고 있어요.

Je cherche des lunettes _____.

a) pas trop cher
b) pas trop chère
c) pas trop chers
d) pas trop chères

04 저는 프랑스어를 하는 여성을 찾고 있어요.

Je cherche _____ qui parle français.

a) femme
b) une femme
c) un femme
d) une famme

05 저는 보물섬을 찾고 있어요.

Je cherche l'_____.

a) ile aux trésors
b) île au trésors
c) île aux trésors
d) ile au trésor

정답

01. b) chanson은 여성 단수 명사이므로 성 일치를 해주면 une nouvelle chanson이 됩니다!
02. a) '~찾고 있어요'는 je cherche라는 거 모두 아시죠?
03. d) lunettes는 여성 복수 명사입니다. 따라서 chères로 성과 수를 일치해 주셔야 해요!
04. b) 발음은 같아 보이지만 femme에는 a가 아닌 e가 들어간답니다.
05. c) '보물의 섬'으로 풀 수 있는 île aux trésors에는 보물이 복수이기 때문에 aux가 정답입니다!

35 백화점 바로 오른쪽에 있어요.

• C'est à/en + (위치)를 통해 사물이나 장소의 위치를 설명할 수 있어요. 위, 아래, 오른쪽, 왼쪽 등의 표현과 함께 해당 패턴을 배워봅시다!

🖐 회화 톡!

A : **La poste, c'est juste à droite du grand magasin.**

라 뽀쓰뜨 쎄 주스-따 드후와뜨 듀 그헝 마갸장

우체국은 백화점 바로 오른쪽에 있어요.

B : **Donc c'est à gauche du grand magasin des Galeries Lafayette?**

동끄 쎄-따 고슈 듀 그헝 마갸장 데 걀르히 라파예뜨

갤러리 라파예트 백화점 왼쪽이라는 말씀이시죠?

A : **Mais non, c'est à droite.**

메 농 쎄-따 드후와뜨

아뇨, 오른쪽이요.

B : **Ah d'accord, merci.**

아 다꼬흐 멬씨

아, 알겠습니다, 감사해요.

🖐 더 알아보기

C'est juste à droite.	바로 오른쪽에 있어요.
C'est juste à gauche.	바로 왼쪽에 있어요.
C'est juste en haut.	바로 위에 있어요.
C'est juste en bas.	바로 밑에 있어요.

연습하기

» **Le restaurant chinois, c'est à l'intérieur de cet immeuble.**

르 헤스또헝 쉬누아 쎄-따 랑떼히외흐 드 쎄뜨 이뫼블르

중식당이 이 건물 안에 있어요.

» **Je sens une douleur ici, c'est au centre du ventre.**

주 썽 윈 둘뢰흐 이씨 쎄-또 썽트흐 듀 벙트흐

여기에 통증이 느껴져요, 배 중앙이에요.

» **Non, c'est juste en face du parking.**

농 쎄 주쓰-떵 파쓰 듀 빠흐낑-

아뇨, 주차장 바로 맞은편에 있어요.

» **La salle de conférence, c'est à droite de la salle A.**

라 쌀 드 꽁페헝쓰 쎄-따 드후와트 들-라 쌀 아

컨퍼런스 홀은 A홀 오른편에 있어요.

» **C'est juste à côté de la boucherie.**

쎄 주스-따 꼬떼 들-라 부쉬히

정육점 바로 옆에 있어요.

» **Je travaille ici, c'est au milieu du centre-ville.**

주 트하바이 이씨 쎄-또 밀리외 듀 썽트흐 빌

저는 여기서 일해요, 시내 중심에 있죠.

따라하기 이제 원어민 음성을 듣고, 함께 따라 해봅시다!

01 교무실은 복도 끝에 있어요.

🔊 **La salle des professeurs, c'est au fond du couloir.**

02 큰 거울 앞에 있어요.

🔊 **C'est en face du grand miroir.**

03 금지 표지판 오른쪽에 있어요.

🔊 **C'est à droite du panneau d'interdiction.**

04 이 층 바로 위에 있어요.

🔊 **C'est juste en haut de cet étage.**

05 분수대 왼편에 있어요.

🔊 **C'est à gauche de la fontaine.**

06 흔들의자 아래에 있어요.

🔊 **C'est en bas de la chaise à bascule.**

07 새 정육점이 이웃집 옆에 있어요.

🔊 **La nouvelle boucherie, c'est à côté du voisin.**

08 도심 한가운데에 있어요.

🔊 **C'est au centre de la ville.**

단어장

au fond de (끝에) | en face de (맞은편에, 앞에) | à droite de (오른쪽에) | en haut de (위에) | à gauche de (왼쪽에) | en bas de (아래에) | à côté de (옆에) | au centre de (중앙에, 가운데에) | salle des professeurs (교무실) | couloir (복도) | miroir (거울) | panneau d'interdiction (금지 표지판) | étage (층) | fontaine (분수대) | chaise à bascule (흔들의자) | boucherie (정육점) | voisin (이웃, 이웃집) | ville (도시)

다음 빈칸에 들어갈 알맞은 말을 모두 고르세요!

01 백화점 안에 있어요.

C'est _____ du grand magasin.

a) à l'intérieur b) à l'intérieure c) à l'extérieur d) à l'extérieure

02 주차장 바로 한 가운데에 있어요.

C'est _____ au centre du parking.

a) just b) juste c) post d) poste

03 분수대 앞에 있어요.

C'est _____ la fontaine.

a) au fond de b) au milieu de c) en face de d) en haut de

04 이 건물 옆에 있어요.

C'est _____ cet immeuble.

a) à droite de b) à gauche de c) en bas de d) à côté de

05 이 층 바로 아래에 있어요.

C'est _____ cet étage.

a) en haut de b) en bas de c) au fond de d) au centre de

정답

01. a) intérieur는 '안' extérieur는 '밖'이랍니다. 'e'는 두 단어가 형용사로써 여성 명사를 꾸며 줄 때 붙는답니다.
02. b) '바로'라는 뉘앙스를 주기 위해서는 c'est 와 à 사이에 juste를 넣어주면 됩니다.
03. c) '앞에'는 en face de입니다. 다른 표현들과 헷갈리지 않게 주의하세요!
04. d) '옆에'는 à côté de입니다. 오른쪽, 왼쪽과 옆을 구분해 주세요.
05. b) '아래에'는 en bas de입니다. s는 묵음이라는 사실 잊지 마세요!

36 여기서 멀어요?

- 이번에는 일상에서 아주 쉽게 질문을 던질 수 있는 의문 문구인 Est-ce que를 배워볼게요. 평서문 앞에 Est-ce que를 넣으면 아주 간단하게 질문을 던질 수 있답니다.

회화 톡!

A : **Est-ce que c'est loin d'ici ?**

에쓰끄 쎄 루앙 디씨

여기서 멀어요?

B : **Non, pas très loin. Est-ce que vous êtes pressé ?**

농 빠 트헤 루앙 에쓰끄 부-제뜨 프헤쎄

아니요, 그렇게 멀진 않아요. 급하신가요?

A : **Ça va, je suis libre aujourd'hui.**

싸바 주 쓰위 리브흐 오쥬흐듀이

아니요 괜찮아요, 오늘은 한가해요.

 더 알아보기

Est-ce que와 의문 대명사를 통해 육하원칙 질문하기

Quand est-ce que tu as mangé ?	언제 밥을 먹었니?
Où est-ce que tu habites ?	어디에 사니?
Quel livre est-ce que vous cherchez ?	무슨 책을 찾으세요?
Qui est-ce que vous avez rencontré ?	누구를 만났나요?
Comment est-ce que vous avez appris le français ?	프랑스어를 어떻게 배웠나요?
Pourquoi est-ce que tu pleures ?	왜 우니?

» **Est-ce que vous pouvez arrêter de crier ?**

에쓰그 부 뿌베 아헤떼 드 크히에

소리 좀 그만 지를 수 있을까요?

» **Est-ce que votre enfant s'appelle Muriel ?**

에쓰끄 보트-헝펑 싸뻴 뮤히엘

당신 아이 이름이 뮤리엘인가요?

» **Est-ce que vous avez besoin de mon aide ?**

에쓰끄 부-쟈베 브주앙 드 몽-네드

혹시 저의 도움이 필요하신가요?

» **Est-ce que vous voulez prendre un dessert ?**

에쓰끄 부 불레 프헝드흐 앙 데쎄흐

디저트 드시겠어요?

» **Est-ce que c'est important ?**

에쓰끄 쎄-땅뽀흐떵

이게 중요한가요?

» **Est-ce que vous avez voté ?**

에쓰끄 부-쟈베 보떼

투표하셨나요?

01 티라미수를 좋아하시나요?

🔊 **Est-ce que vous aimez le tiramisu ?**

02 채식주의자이신가요?

🔊 **Est-ce que vous êtes végétarien ?**

03 과외를 하시나요?

🔊 **Est-ce que vous faites des cours particuliers ?**

04 대사관에 방문하시나요?

🔊 **Est-ce que vous visitez l'ambassade ?**

05 물 마실래?

🔊 **Est-ce que tu veux boire de l'eau ?**

06 경기 보셨나요?

🔊 **Est-ce que vous avez regardé le match ?**

07 녹차 드릴까요?

🔊 **Est-ce que vous voulez du thé vert ?**

08 신문을 읽으시나요?

🔊 **Est-ce que vous lisez les journaux ?**

단어장

tiramisu (티라미수) | végétarien (채식주의자) | cours particulier (과외) | visiter (방문하다) | ambassade (대사관) | boire (마시다) | eau (물) | regarder (보다) | match (경기, 시합) | thé vert (녹차) | lire (읽다) | un journal / des journaux (신문)

다음 빈칸에 들어갈 알맞은 말을 모두 고르세요!

01 오늘 한가하신가요?

_____ vous êtes libre aujourd'hui ?

a) Est-ce que   b) Est ce que   c) Et ce que   d) Et-ce que

02 경기가 마음에 드셨나요?

Est-ce que vous _____ le match ?

a) aimé   b) avez aimer   c) avez aimé   d) aver aimé

03 채식주의자가 되고 싶은가요?

Est-ce que vous voulez _____ ?

a) être végétarien   b) êtes végétarien
c) avez végétarien   d) aimez végétarien

04 언제 신문을 읽으세요?

_____ est-ce que vous lisez les journaux ?

a) Comment   b) Qui   c) Quand   d) Où

05 어디에서 투표를 하셨나요?

_____ est-ce que vous avez voté ?

a) Où   b) Pourquoi   c) Comment   d) Quel

정답

01. a)   이젠 정말 익숙해지셨죠? 올바른 철자는 Est-ce que입니다.
02. c)   Avoir + aimé : 1군 동사인 Aimer의 복합 과거 동사 변형입니다.
03. a)   être végétarien을 '채식주의자가 되다'로 이해하시면 됩니다.
04. c)   '언제'는 Quand입니다!
05. a)   '어디'는 Où입니다!

37 여기서 10분 거리예요.

- (장소) + est à + (시간)은 그 장소까지 가는 데에 얼마나 걸리는지를 표현하는 패턴입니다. 이 패턴을 통해 숫자와 시간을 나타내는 어휘도 함께 배워봅시다!

회화 톡!

A : **On met combien de temps pour aller au stade ?**

옹 메 꽁비앙 드 떵 뿌흐 알레 오 쓰따드

경기장에 가는 데 얼마나 걸리죠?

B : **C'est à 10 minutes.**

쎄-따 디 미뉴뜨

여기서 10분 거리예요.

A : **Ah, c'est parfait.**

아 쎄 파흐페

아, 딱 좋네요.

 더 알아보기

Mettre 동사를 활용해서 말하기

Le stade est à 10 minutes.   경기장이 10분 거리에 있어요.

On met 10 minutes pour aller au stade.   경기장에 가는 데 10분이 걸려요.

» **Le marché est à 1 minute.**
르 마흐쉐 에-따 윈 미뉴뜨
시장이 1분 거리에 있어요.

» **L'école est à 10 minutes.**
레꼴 에-따 디 미뉴뜨
학교가 10분 거리에 있어요.

» **La plage est à 3 heures.**
라 쁠라쥬 에-따 트후와-죄흐
바닷가는 3시간 거리에 있어요.

» **L'usine est à 1 heure.**
류진 에-따 위-뇌흐
공장이 1시간 거리에 있어요.

» **On met un jour complet pour y aller.**
옹 메 앙 쥬흐 꽁쁠레 뿌-히 알레
그곳에 가는 데 하루 꼬박 걸려요.

» **On met environ 5 minutes.**
옹 메 엉비홍 쌩 미뉴뜨
약 5분 정도 걸려요.

01 사무실과 집은 30분 거리에 있어요.

🔊 **La maison est à 30 minutes du bureau.**

02 공원이 2분 거리밖에 안 돼요.

🔊 **Le parc est seulement à 2 minutes.**

03 서점에 가는 데 20분이 좀 안 걸려요.

🔊 **On met un peu moins de 20 minutes pour aller à la librairie.**

04 지하철역이 3분 거리예요.

🔊 **La station de métro est à 3 minutes.**

05 할아버지댁에 가는 데 한 시간 걸려요.

🔊 **On met une heure pour aller chez mon grand-père.**

06 센 강이 여기서 15분 거리에 있어요.

🔊 **La Seine est à 15 minutes d'ici.**

07 피자집이 여기서 10분 거리에 있어요.

🔊 **La pizzeria est à 10 minutes d'ici.**

08 버스 정류장이 5분 거리도 안 돼요.

🔊 **L'arrêt de bus est à moins de 5 minutes.**

단어장

maison (집) | bureau (사무실) | parc (공원) | librairie (서점) | station de métro (지하철역) | grand-père (할아버지) | seine (센 강) | pizzeria (피자집) | arrêt de bus (버스 정류장)

다음 빈칸에 들어갈 알맞은 말을 모두 고르세요!

01 공원까지 얼마나 걸리죠?

_____ **combien de temps pour aller au parc ?**

a) Est à   b) Il est à   c) On met   d) On mét

02 여기서 30분 거리예요.

_____ **30 minutes d'ici**

a) Il est à   b) Elle est à   c) On met   d) Est à

03 공장이 15분 거리에 있어요.

_____ **est à 15 minutes.**

a) Une usine   b) La usine   c) L'usine   d) Un usine

04 센 강이 2분 거리에 있어요.

_____ **est à 2 minutes.**

a) La seine   b) La Seine   c) Seine   d) Le Seine

05 버스 정류장까지 3분이 좀 안 걸려요.

On met _____ de 3 minutes pour aller à l'arrêt de bus.

a) un peu moins   b) environ   c) seulement   d) moins

정답

01. c)   mettre 동사의 활용법 잘 기억해 주세요.
02. a,b)   장소가 남성이면 il est à 그리고 여성이면 elle est à로 사용해야겠죠?
03. c)   특정 공장에 대해 이야기하는 것이기 때문에 정관사를 사용해 줍니다.
04. b)   '센 강'은 여성 고유명사랍니다. S 대문자 표기를 해주는 것 잊지 마세요!
05. a)   '3분이 안 걸려요'라면 d도 정답이 될 수 있겠지만, 정확한 뉘앙스를 살리려면 un peu
          를 넣어줘야 합니다.

38 # 걸어서 갈 수 있어요.

- Aller 동사 + (à/en) + (이동 수단) 패턴을 배워봅시다! 먼저 전치사 à 가 쓰이는 이동 수단부터 살펴볼게요. 지붕이 없이 위에 타는 이동 수단이나, 도보로 이동할 때는 전치사 à를 사용한답니다.

회화 톡!

A : **Si on prenait un taxi ?**

씨 옹 프허네 앙 딱씨

택시를 타는 건 어때요?

B : **Non, on peut y aller à pied.**

농 옹 뾔 이 알레 아 삐에

아니요, 걸어서 갈 수 있어요.

A : **Mais il fait trop chaud! Si on prenait le bus ?**

메 일 페 트호 쇼 씨 옹 프허네 르 뷰스

그런데 너무 더운 걸요! 버스를 타는 건 어때요?

B : **Bon, si vous insistez, on y va à cheval...**

봉 씨 부 불레 옹-니 바 아 슈발

흠, 정 그렇다면 말을 타고 가죠 뭐...

더 알아보기

전치사 à/en과 이동 수단

aller à pied	걸어가다
aller à cheval	말을 타고 가다
aller à/en vélo	자전거를 타고 가다
aller à/en bicyclette	(두발)자전거를 타고 가다
aller à/en moto	오토바이를 타고 가다
aller à/en scooter	스쿠터를 타고 가다
aller à/en mobylette	경오토바이를 타고 가다

걸어가다, 말을 타고 가다를 제외한 나머지 이동 수단은 à와 en를 모두 사용한답니다.

Si on prenait + (이동 수단)은 '~를 타는 건 어때요?'라는 의미로 사용할 수 있어요.

» **Je vais à la piscine à vélo.**
주 베 알-라 삐씬 아 벨로
저는 수영장에 자전거를 타고 가요.

» **Nous ne pouvons pas aller à pied jusqu'à l'aéroport.**
누 느 뿌봉 빠 알레 아 삐에 쥬쓰-까 라에호뽀흐
공항까지 걸어서 갈 수는 없어요.

» **Je vais aller au théâtre à moto.**
주 베 알레 오 떼아트흐 아 모또
저는 극장에 오토바이를 타고 갈 거예요.

» **On va aller au zoo à scooter.**
옹 바 알레 오 조오 아 쓰꾸뙤흐
우리는 스쿠터를 타고 동물원에 갈 거예요.

» **Je vais à l'administration à mobylette.**
주 베 알-라드미니쓰트하씨옹 아 모빌레뜨
저는 관공서에 경오토바이를 타고 가요.

» **Je vais au centre-ville à bicyclette.**
주 베 오 썽트흐 빌 아 비씨끌레뜨
저는 자전거를 타고 시내에 가요.

01 꽃집에 걸어서 갈 거예요.

🔊 **Je vais aller chez le fleuriste à pied.**

02 너의 집에 자전거를 타고 갈 거야.

🔊 **Je vais aller chez toi à vélo.**

03 왕자님이 말을 타고 성에 갑니다.

🔊 **Le prince va au château à cheval.**

04 놀이공원에 스쿠터를 타고 가요.

🔊 **Je vais au parc d'attraction à scooter.**

05 그곳에 오토바이를 타고 갈 거야?

🔊 **Tu vas y aller à moto ?**

06 자전거를 타고 가지 마세요.

🔊 **N'allez pas à bicyclette.**

07 미용실에 경오토바이를 타고 가요.

🔊 **Je vais chez le coiffeur à mobylette.**

08 저희는 교회에 걸어서 갑니다.

🔊 **Nous allons à l'église à pied.**

단어장

fleuriste (꽃집) | chez toi (너의 집에) | château (성) | parc d'attraction (놀이공원) | coiffeur
(미용실) | église (교회)

01 택시를 타는 건 어때요?

_____ un taxi ?

a) Si on prenait   b) Si on prendre   c) Si prenait on   d) Si prendre on

02 동물원에 걸어서 갈래요.

Je veux _____ au zoo.

a) aller   b) à pied   c) aller à pied   d) aller à cheval

03 말을 타고 갈 수 없어요.

Nous ne pouvons pas _____.

a) aller à vélo   b) aller à moto   c) aller en cheval   d) aller à cheval

04 오토바이를 타고 공원에 가요.

Je vais au parc _____.

a) à moto   b) en moto   c) à vélo   d) à bicyclette

05 너의 집에 가기 위해 자전거를 탈게.

Pour aller chez toi, je vais aller _____.

a) à vélo   b) à bicyclette   c) en vélo   d) en bicyclette

정답

01. a)   '~타는 건 어때요'는 Si on prenait + (이동 수단)입니다!
02. c)   그냥 aller만 쓰게 되면 '동물원에 가고 싶어요'라는 의미가 되니 주의해 주세요!
03. d)   '말을 타고 가다'는 aller à cheval입니다!
04. a, b) '오토바이를 타고 가다'는 aller à moto, en moto 둘 다 사용할 수 있답니다.
05. a, b, c, d) 모든 보기가 정답이랍니다. 도보와 말을 빼고는 모두 à/en을 함께 사용 할 수 있는 이동 수단입니다.

39 버스를 타고 가세요.

- 이번에는 지붕이 있어서 안에 들어가서 타는 이동 수단에 대해 알아볼게요. 이런 이동 수단과는 aller동사와 함께 전치사 en을 써주면 된답니다.

 회화 톡!

A : **Bon, allez-y en bus !**

봉 알레-지 엉 뷰스

자, 버스를 타고 가세요!

B : **Mais l'arrêt de bus est trop loin.**

메 라헤 드 뷰스 에 트호 루앙

그런데 버스 정류장이 너무 멀어요.

A : **Alors, allez-y en métro.**

아로흐 알레-지 엉 메트호

그렇다면, 지하철을 타고 가세요.

B : **Mais la station de métro est plus loin que l'arrêt de bus.**

메 라 쓰따씨옹 드 메트호 에 쁠류 루앙 끄 라헤 드 뷰스

그런데 지하철역이 버스 정류장보다 더 멀어요.

더 알아보기

명령문 impératif

Tu, Nous, Vous 평서문에서 주어만 삭제하면 됩니다. 아주 간단하죠?

대신 1군 동사에서는 마지막 's'만 삭제해 주면 됩니다. 나머지 동사는 그대로예요!

	1군동사	2군동사	3군동사
Tu	-e	-s	-s
Nous	-one	-ssons	-one
Vous	-ez	-ssez	-ez

연습하기

» **Nous allons à la Place de la Concorde en voiture.**

누-쟐롱 알-라 쁠라쓰 들-라 꽁꼬흐드 엉 브와뜌흐

우리는 콩코르드 광장에 차를 타고 가요.

» **Tu vas aller en avion ou en bateau ?**

뜌 바 알레 엉-나비옹 우 엉 바또

비행기 타고 갈 거야? 아니면 배 타고 갈 거야?

» **Si je vais en Tunisie en bateau, cela prend un jour.**

씨 주 베 엉 뛰니지 엉 바또 쓸라 프헝 앙 쥬흐

튀니지에 배를 타고 가면 하루가 걸립니다.

» **N'allez surtout pas en train, je vous le déconseille.**

날레 쓔흐뚜 빠 엉 트항 주 부 르 데꽁쎄이

무엇보다 절대 기차로는 가지 마세요, 추천드리지 않습니다.

» **Aller en taxi, c'est la façon la plus pratique.**

알레 엉 딱씨 쎄 라 파쏭 라 쁠류 프하띠끄

택시로 이동하는 것이 가장 편리한 방법이죠.

» **Je vais à Paris en avion ce soir.**

주 베 아 빠히 엉-나비옹 쓰 쑤아흐

오늘 저녁에 저는 비행기를 타고 파리에 갑니다.

더 알아보기

불규칙 동사의 명령문

	Être	Avoir	Aller	savpor	vouloir
Tu	sois	aie	va	sache	veuille
Nous	soyons	ayons	allons	sachons	veuillons
Vous	soyez	ayez	allez	sachez	veuillez

01 비행기를 타고 가세요, 무료입니다.

🔊 **Allez-y en avion, c'est gratuit.**

02 배멀미를 하시면 배를 타고 가기는 힘들죠.

🔊 **Si vous êtes naupathique, c'est difficile d'aller en bateau.**

03 저는 늘 혼자 차를 타고 가요.

🔊 **J'y vais toujours seul en voiture.**

04 리옹에 기차를 타고 가시나요?

🔊 **Vous allez à Lyon en train ?**

05 지하철을 타고 가면 2시간 걸려요.

🔊 **Si j'y vais en métro, cela met 2 heures.**

06 택시를 타고 가도 될까요?

🔊 **Puis-je y aller en taxi ?**

07 택시를 타고 가는 것을 적극 추천드려요.

🔊 **Je vous conseille absolument d'y aller en taxi.**

08 지금 차를 타고 가고 있어요, 곧 도착해요.

🔊 **Je suis en train d'aller en voiture, j'arrive.**

단어장

gratuit (무료) | naupathique (배멀미를 하는 사람) | difficile (어려운) | toujours (항상, 늘) | tout seul (혼자) | Lyon (리옹) | conseiller (추천하다, 조언하다, 충고하다) | absolument (꼭, 기어코) | arriver (도착하다)

풀어보기

다음 빈칸에 들어갈 알맞은 말을 모두 고르세요!

01 버스를 탈 거야 지하철을 탈 거야?

Tu vas aller ____ bus ou ____ métro ?

a) en, en   b) à, en   c) en, à   d) à, à

02 비행기를 타고 갈 거예요.

Je vais y aller _____.

a) en voiture   b) en métro   c) en bateau   d) en avion

03 저는 혼자 기차를 타고 가고 있어요.

Je suis en train d'aller _____ en train.

a) j'arrive   b) je mets   c) tout seul   d) toute seule

04 차를 타고 가고 싶어요.

Je voudrais y aller _____.

a) en métro   b) en bateau   c) en voiture   d) en train

05 배를 타고 (그곳에) 가도 될까요?

Puis-je ____ aller en bateau ?

a) à   b) en   c) y   d) c'est

정답

01. a)   버스와 지하철은 모두 전치사 en과 함께 사용됩니다.
02. d)   '비행기'는 avion이죠?
03. c, d)   je가 남성이라면 tout seul, 여성이라면 toute seule이 됩니다.
04. c)   '자동차'는 voiture입니다.
05. c)   중성대명사 y의 활용법을 기억해 주세요!

40 마트가 몇 시에 여나요?

- '몇 시에~ 하나요?'는 à quelle heure~ 패턴을 통해 질문할 수 있어요. 다양한 동사와 함께
사용하면서 익숙해져 봅시다!

회화 톡!

A : **À quelle heure ouvre le supermarché ?**

아 껠-뢰흐 우브흐 르 쓔뻬흐 마흐쉐

마트가 몇 시에 여나요?

B : **Il ouvre à 9 heures 30.**

일-루브흐 아 뇌-뢰흐 트헝뜨

9시 반에 열어요.

A : **Et à quelle heure il ferme ?**

에 아 껠-뢰흐 일 페흐므

그리고 몇 시에 닫나요?

B : **Il ferme à 20 heures.**

일 페흐므 아 뱅-뢰흐

저녁 8시에 닫아요.

더 알아보기

À quelle heure~라고 묻는 질문에 대한 답변에는 동일한 동사를 가져와서 ~ à 00 heures로 답
하면 된답니다. 프랑스에선 주로 오전/오후로 나눈 12시간이 아닌 24시간을 기준으로 이야기합
니다.

Ex 오후 4시	→	16 heures
오후 8시	→	20 heures
오후 11시	→	23 heures

연습하기

» **À quelle heure se couche le soleil ?**

아 껠-뢰흐 쓰 꾸식 르 쏠레이

해가 몇 시에 지나요?

» **À quelle heure passe le livreur ?**

아 껠-뢰흐 빠쓰 르 리브회흐

배송 기사가 몇 시에 들르나요?

» **À quelle heure avez-vous passé la commande ?**

아 껠-뢰흐 아베 부 빠쎄 라 꼬멍드

몇 시에 주문을 넣으셨나요?

» **À quelle heure se termine l'examen ?**

아 껠-뢰흐 쓰 떼흐민 렉싸망

시험이 몇 시에 끝나요?

» **À quelle heure commence la cérémonie d'ouverture ?**

아 껠-뢰흐 꼬멍쓰 라 쎄헤모니 두베흐뜌흐

개막식이 몇 시에 시작하죠?

» **À quelle heure venez-vous ?**

아 껠-뢰흐 브네 부

몇 시에 오실 건가요?

01 몇 시에 집에 들어올 거니?

🔊 **À quelle heure tu vas rentrer à la maison ?**

02 우리 몇 시에 볼까요?

🔊 **On se voit à quelle heure ?**

03 퇴근을 몇 시에 하나요?

🔊 **À quelle heure vous finissez votre travail ?**

04 해가 몇 시에 뜨나요?

🔊 **À quelle heure se lève le soleil ?**

05 아침을 몇 시에 드시겠어요?

🔊 **À quelle heure souhaitez-vous prendre votre petit-déjeuner ?**

06 어제 몇 시에 떠나셨나요?

🔊 **À quelle heure vous êtes partis hier ?**

07 평소에 몇 시에 주무시나요?

🔊 **À quelle heure vous vous couchez d'habitude ?**

08 회의가 몇 시에 시작하죠?

🔊 **À quelle heure commence la réunion ?**

단어장

rentrer (들어가다) | maison (집) | se voir (서로 보다, 만나다) | finir (끝내다) | travail (일) | se lever (뜨다, 일어나다) | soleil (해) | souhaiter (바라다, 원하다) | prendre le petit déjeuner (아침식사를 하다) | partir (떠나다) | hier (어제) | se coucher (잠자리에 들다, 자다) | d'habitude (평소에) | commencer (시작하다) | réunion (회의)

01 마트가 몇 시에 닫나요?

_____ **ferme le supermarché ?**

a) À quel heure   b) À quelle heure c) À quelle heur   d) À quel heur

02 시험이 몇 시에 시작하나요?

À quelle heure _____ l'examen ?

a) passe   b) ouvre   c) commence   d) ferme

03 몇 시에 일어나세요?

À quelle heure _____ levez ?

a) vous vous   b) vous   c) vou   d) vous se

04 우리 몇 시에 만날까요?

_____ **à quelle heure ?**

a) On se voit   b) On voit   c) Vous voyez   d) Vous vous voyez

05 점심을 몇 시에 드시겠어요?

À quelle heure souhaitez-vous prendre votre _____ ?

a) petit-déjeuner   b) déjeuner
c) grand-déjeuner   d) moyen-déjeuner

정답

01. b)   heure가 여성 명사이기 때문에 quel이 아닌 quelle이 정답이 되겠죠?
02. c)   '시작하다'는 commencer동사입니다.
03. a)   se lever동사와 인칭 vous가 만나면 vous vous levez가 됩니다.
04. a)   se voir동사와 인칭 on이 만나면 on se voit가 됩니다.
05. b)   '아침식사'는 petit-déjeuner, '점심식사'는 déjeuner, '저녁식사'는 dîner입니다.

A : **Excusez-moi de vous déranger...**
엑쓰뀨제 무와 드 부 데헝줴

B : **Oui, je peux vous aider ?**
위 주 쁴 부-제데

A : **Je suis perdu... Où se trouve la station de métro la plus proche ?**
주 쓰위 뻬흐듀 우 쓰 트후브 라 쓰따씨옹 드 메트호 라 쁠류 프호슈

B : **Ce n'est pas difficile, continuez tout droit dans cette direction.**
쓰 네 빠 디피씰 꽁띠뉴에 뚜 드후와 덩 쎄뜨 디헥씨옹

A : **C'est loin ?**
쎄 루앙

B : **Non, pas du tout, c'est seulement à 5 minutes à pied.**
농 빠 듀 뚜 쎄 쐴멍 아 쌩 미뉴뜨 아 삐에

A : **D'accord, merci beaucoup !**
다꼬흐 멜씨 보꾸

B : **Je vous en prie, bonne journée !**
쥬 부-졍 프히 본 쥬흐네

A : 실례합니다.

B : 네? 무슨 일이시죠?

A : 제가 길을 잃었는데… 가장 가까운 지하철역이 어디인가요?

B : 어렵지 않아요, 이쪽 방향으로 쭉 가시면 됩니다.

A : 먼가요?

B : 아뇨, 전혀 멀지 않아요. 걸어서 5분 거리입니다.

A : 알겠습니다, 정말 감사해요!

B : 별말씀을요, 좋은 하루 보내세요!

정리하기

어렵지 않아요.	Ce n'est pas difficile.
이쪽 방향으로 쭉 가세요.	Allez tout droit dans cette direction.
별말씀을요.	Je vous en prie.
좋은 하루 보내세요!	Bonne journée !

PARTIE
05

쇼핑할 때 10마디

MP3

이 가방은 얼마죠?

• 기본적으로 물건을 살 때 가격을 묻는 건 필수겠죠? 가격을 물을 때 사용할 수 있는 패턴이 바로 coûter동사를 활용한 Combien coûte + (물건)입니다. 해당 패턴을 함께 배워보도록 합시다.

회화 톡!

A : **Ce sac rouge est vraiment magnifique !**

쓰 싹 후쥬 에 브헤멍 마니피끄

이 빨간 가방 정말 예쁘네요!

B : **Oui, c'est la meilleure vente de notre marque.**

위 쎄 라 메이예흐 벙뜨 드 노트흐 마흐끄

네, 저희 브랜드에서 가장 잘 팔리는 가방이에요.

A : **Combien coûte ce sac ?**

꽁비앙 꾸뜨 쓰 싹

이 가방은 얼마죠?

B : **Le prix de ce sac est de 200 euros.**

르 프히 드 쓰 싹 에 드 두썽-죄호

이 가방의 가격은 200유로입니다.

더 알아보기

Quel est le prix de + (물건)

ⓔ Combien coûte ce sac ? = Quel est le prix de ce sac ?

» **Combien coûte ce clavier ?**

꽁비앙 꾸뜨 쓰 끌라비에

이 키보드는 얼마인가요?

» **Combien coûte cette cravate ?**

꽁비앙 꾸뜨 쎄뜨 크하바뜨

이 넥타이는 얼마인가요?

» **Combien coûte ce maillot de bain ?**

꽁비앙 꾸뜨 쓰 마이요 드 방

이 수영복은 얼마인가요?

» **Quel est le prix de ce stylo plume ?**

껠-레 르 프히 드 쓰 쓰띨로 쁠륨

이 만년필의 가격은 얼마인가요?

» **Combien coûte la bague en diamant ?**

꽁비앙 꾸뜨 라 바그 엉 디아멍

이 다이아반지는 얼마인가요?

» **Quel est le prix de cette peinture ?**

껠-레 르 프히 드 쎄뜨 뺑뜌흐

이 그림의 가격은 얼마인가요?

01 이 신발은 얼마인가요?

🔊 **Combien coûtent ces chaussures ?**

02 생수 한 병이 얼마인가요?

🔊 **Combien coûte une bouteille d'eau ?**

03 신상품이 얼마죠?

🔊 **Combien coûte le nouveau produit ?**

04 이거 얼마죠?

🔊 **Combien ça coûte ?**

05 이 제품의 가격은 얼마인가요?

🔊 **Quel est le prix de cet article ?**

06 이 안경 얼마인가요?

🔊 **Combien coûtent ces lunettes ?**

07 선풍기가 얼마인가요?

🔊 **Combien coûte le ventilateur ?**

08 바게트 하나가 얼마인가요?

🔊 **Combien coûte une baguette ?**

단어장

chaussures (신발) | bouteille d'eau (생수병) | nouveau produit (신상품) | ça (이것) | article (제품) | lunettes (안경) | ventilateur (선풍기) | baguette (바게트)

다음 빈칸에 들어갈 알맞은 말을 모두 고르세요!

01   이 키보드는 35유로입니다.

Ce clavier _____ 35 euros.

a) coûte   b) coûter   c) coûtent   d) coute

02   이 반지의 가격은 얼마인가요?

_____ de cette bague ?

a) Quel est le prix   b) Quelle est le prix
c) Combien coûte   d) Quel prix est

03   이 빨간색 안경은 얼마인가요?

Combien _____ ces lunettes _____?

a) coûte, rouge   b) coûtent, rouge
c) coûtent, rouges   d) coûte, rouges

04   이 제품은 얼마인가요?

Combien coûte _____?

a) ce article   b) cet article   c) cette article   d) ces article

05   이 선풍기의 가격은 87유로예요.

_____ ce ventilateur est de 87 euros.

a) Combien coûte   b) Le prix de
c) Le prix   d) Combien est

정답

01. a)   coûte의 철자를 정확하게 기억해 주세요!
02. a)   quel은 bague에 성수 일치를 해주는 것이 아닌 prix에 해줘야 합니다.
03. c)   동사와 형용사 모두 lunettes와 성과 수를 일치해 줘야 해요!
04. b)   article는 a로 시작하는 남성 명사이기 때문에 관사로 cet를 써주세요.
05. b)   '~의 가격은 ~입니다'는 Le prix de ~ est de ~입니다.

발 사이즈가 어떻게 되세요?

- 23과에서 배운 의문 형용사 quel을 통해 자신에게 맞는 옷이나 신발 사이즈를 묻고 답하는 표현을 배워보겠습니다. 또 쇼핑할 때 주고받을 수 있는 다양한 말도 함께 살펴봅시다!

회화 톡!

A : **Bonjour, je cherche des chaussures de tennis...**

봉쥬흐 주 쉐흐슈 데 쑈슈흐 드 떼니쓰

안녕하세요, 테니스화를 사러 왔는데요...

B : **Bonjour, quelle marque désirez-vous ?**

봉쥬흐 껠 마흐끄 데지헤 부

안녕하세요, 찾으시는 브랜드가 있나요?

A : **Je n'ai pas de préférence.**

주 네 빠 드 프헤페헝스

아뇨, 상관없습니다.

B : **Très bien, quelle est votre pointure ?**

트헤비앙 껠-레 보트흐 뿌왕뜌흐

좋아요, 발 사이즈가 어떻게 되세요?

A : **Du 38, merci.**

듀 트헝뜨 위뜨 멜씨

245예요, 감사합니다.

더 알아보기

쇼핑할 때 알아두면 좋은 어휘 모음

marque	브랜드	couleur	색
longueur	길이	taille / pointure	옷 사이즈 / 신발 사이즈
usage	용도	prix	가격

» **Quelle est votre marque préférée ?**

껠-레 보트흐 마흐끄 프헤페헤

어떤 브랜드를 가장 선호하시나요?

» **Quel est le prix de cette robe bleue ?**

껠-레 르 프히 드 쎄뜨 호브 블루

이 파란 원피스의 가격이 어떻게 되나요?

» **Pour quel usage vous allez mettre ce chapeau ?**

뿌흐 껠-류자쥬 부 쟐레 메트흐 쓰 샤뽀

어떤 용도로 이 모자를 쓰실 건가요?

» **Quelle est la taille de votre enfant ?**

껠-레 라 따이 드 보트-헝펑

아이의 사이즈가 어떻게 되나요?

» **Quelle est la pointure de votre mari ?**

껠-레 라 뿌왕뜌흐 드 보트흐 마히

남편의 발 사이즈가 어떻게 되나요?

» **Quelle taille portez-vous ?**

껠 따이 뽀흐떼 부

입으시는 사이즈가 어떻게 되세요?

01 어떤 색의 차를 원하세요?

🔊 **Quelle couleur désirez-vous pour la voiture ?**

02 어떤 치마 길이를 찾으세요?

🔊 **Quelle longueur désirez-vous pour la jupe ?**

03 어떤 용도로 컴퓨터를 사용하실 건가요?

🔊 **Pour quel usage vous allez utiliser l'ordinateur ?**

04 이 시계의 가격은 어떻게 되나요?

🔊 **Quel est le prix de cette montre ?**

05 사이즈가 어떻게 되세요?

🔊 **Quelle est votre taille ?**

06 분홍색과 흰색 중에 어떤 색을 원하세요?

🔊 **Quelle couleur vous voulez entre le rose et le blanc ?**

07 260과 270중에 어떤 사이즈를 원하세요?

🔊 **Quelle pointure vous voulez entre du 40 et du 41 ?**

08 공책의 용도가 무엇인가요?

🔊 **Quel est l'usage du cahier ?**

단어장

désirer (원하다) | voiture (차) | jupe (치마) | utiliser (사용하다) | ordinateur (컴퓨터) | montre (시계) | rose (분홍색) | blanc (흰색) | cahier (공책)

다음 빈칸에 들어갈 알맞은 말을 모두 고르세요!

01 어떤 색의 원피스를 원하세요?

_____ **désirez-vous pour la robe ?**

a) Quelle couleur   b) Quel couleur

c) Quelle est la couleur   d) Quel est la couleur

02 발 사이즈가 어떻게 되세요?

Quelle est votre _____ ?

a) taille   b) marque   c) prix   d) pointure

03 이 차의 가격은 어떻게 되나요?

Quel est le prix de _____ ?

a) ce voiture   b) la voiture   c) cette voiture   d) le voiture

04 어떤 사이즈를 원하세요?

Quelle taille _____ ?

a) désirez-vous   b) vous désirez   c) voulez-vous   d) vous voulez

05 이 신발의 용도는 무엇인가요?

_____ **de ces chaussures ?**

a) Quel usage   b) Quel est usage

c) Quel est l'usage   d) Quelle est l'usage

정답

01. a)   couleur는 여성 명사이기 때문에 의문 형용사 quelle을 사용해 주어야 합니다!
02. d)   '발 사이즈'는 pointure입니다.
03. c)   '이 차'는 cette voiture입니다. 지시형용사와 명사의 성과 수를 일치해 주세요!
04. a, b, c, d) désirer와 vouloir동사 모두 정답이며, 도치형과 평서문형으로 질문할 수 있답니다.
05. c)   usage는 e로 끝나지만 남성 명사입니다. 따라서 지시형용사 quelle이 아닌 quel과
            함께 사용됩니다.

43 **어떤 종류의 옷을 찾으세요?**

• sorte는 종류를 뜻하는 단어로, quelle sorte de ~ 패턴을 통해 어떤 종류를 원하는지 물을 수 있어요. 그럼 이 질문 패턴과 함께 질문에 대한 답변도 살펴볼까요?

회화 톡!

A : **Je peux vous aider ? Quelle sorte de vêtement désirez-vous?**

주 뾔 부-제데 껠 쏘흐뜨 드 베뜨멍 데지헤 부

도와드릴까요? 어떤 종류의 옷을 찾으세요?

B : **Oui, je cherche une veste...**

위 주 쉐흐슈 윈 베스뜨

네, 재킷을 좀 보려고 하는데요...

A : **Quelle sorte de veste vous voulez ?**

껠 쏘흐뜨 드 베스뜨 부 불레

어떤 종류의 재킷을 찾으시나요?

B : **C'est difficile parce qu'ici il y a toutes sortes de vestes.**

쎄 디피씰 빠흐쓰-끼씨 일-리아 뚜뜨 쏘흐뜨 드 베스뜨

여기엔 모든 종류의 재킷이 다 있어서 정말 어렵네요.

더 알아보기

Toutes sortes de + (명사)	모든 종류의
Une sorte de + (명사)	일종의

» **Quelle sorte de vin tu bois ?**

껠 쏘흐뜨 드 뱅 뜌 부아

어떤 종류의 와인을 마시니?

» **Dans quelle sorte de pays désirez-vous vivre ?**

덩 껠 쏘흐뜨 드 뻬이 데지헤 부 비브흐

어떤 류의 나라에서 살고 싶으세요?

» **Quelle sorte de plat coréen vous aimez ?**

껠 쏘흐뜨 드 쁠라 꼬헤앙 부-제메

어떤 종류의 한국 음식을 좋아하시나요?

» **Quelle sorte de poisson tu as vu à l'aquarium ?**

껠 쏘흐뜨 드 뿌와쏭 뜌 아 뷰 아 라꾸아히엄

수족관에서 어떤 종류의 물고기를 봤어?

» **Quelle sorte de bijou vous mettez tous les jours ?**

껠 쏘흐뜨 드 비쥬 부 메떼 뚜 레 쥬흐

매일 어떤 종류의 액세서리를 착용하나요?

» **Quelle sorte de livre vous lisez en ce moment ?**

껠 쏘흐뜨 드 리브흐 부 리제 엉 쓰 모멍

요즘 읽고 있는 책은 어떤 종류인가요?

01 어떤 종류의 프로그램을 사용하시나요?

🔊 **Quelle sorte de logiciel vous utilisez ?**

02 어떤 종류의 음악을 선호하나요?

🔊 **Quelle sorte de musique vous préférez ?**

03 어떤 종류의 디저트를 좋아하세요?

🔊 **Quelle sorte de dessert vous aimez ?**

04 어떤 종류의 의자를 찾으세요?

🔊 **Quelle sorte de chaise désirez-vous ?**

05 어떤 종류의 문서를 보내야 하죠?

🔊 **Quelle sorte de document je dois vous envoyer ?**

06 어떤 종류의 스포츠를 즐기세요?

🔊 **Quelle sorte de sport pratiquez-vous ?**

07 어떤 종류의 문제가 생겼나요?

🔊 **Il y a eu quelle sorte de problème ?**

08 어떤 류의 정보를 얻을 수 있나요?

🔊 **Quelle sorte de renseignement puis-je avoir ?**

단어장

logiciel (프로그램) | utiliser (사용하다) | musique (음악) | préférer (선호하다) | dessert (디저트) | aimer (좋아하다) | chaise (의자) | désirer (원하다) | document (문서) | envoyer (보내다) | sport (스포츠, 운동) | pratiquer (하다) | renseignement (정보, 안내)

다음 빈칸에 들어갈 알맞은 말을 모두 고르세요!

01 어떤 종류의 책을 좋아하나요?

_____ livre vous aimez ?

a) Quelle sorte b) Quelle sorte de
c) Quel sorte d) Quel sorte de

02 여기엔 모든 종류의 물고기가 있어요.

Ici, il y a _____ poissons.

a) tous sortes de b) tout sortes de
c) toutes sortes de d) toutes sorte de

03 어떤 종류의 정보를 원하시나요?

Quelle sorte de _____ désirez-vous ?

a) renseignement b) renseigne
c) document d) logiciel

04 어떤 종류의 음식을 선호하나요?

Quelle sorte de plat _____ ?

a) vous préférez b) préférez-vous c) vous préférer d) préférez vous

05 어떤 종류의 액세서리를 찾으시나요?

Quelle sorte de _____ désirez-vous ?

a) bizou b) bisou c) bijous d) bijou

정답

01. b) quelle sorte de가 어떤 명사를 만나던지 quelle은 sorte와 일치되어 여성형입니다.

02. c) '모든 종류의'는 toutes sortes de이고, 뒤로는 무관사 명사가 따릅니다.

03. a) '정보'는 renseignement입니다.

04. a, b) '선호하다'는 préférer입니다. 질문할 때, 도치형과 평서문형으로 모두 사용 가능합니다.

05. d) 'bisou'는 키스, 'bijou'는 액세서리입니다.

도움이 필요하시면 알려주세요.

• Faites-moi savoir~는 영어의 Let me know~와 동일한 용법을 지녔는데, '~알려주세요'하고 말할 때에 사용하는 표현입니다. 패턴을 활용한 문장을 어떻게 구성하는지 함께 살펴보겠습니다.

회화 톡!

A : **Faites-moi savoir où sont les nouveaux modèles.**

페뜨 무와 싸부와흐 우 쏭 레 누보 모델

신상품들이 어느 쪽에 있는지 알려주세요.

B : **Venez, c'est par ici.**

브네 쎄 빠-히씨

이쪽입니다. 따라오세요.

A : **Ah, merci. C'est exactement ce que je cherchais.**

아 멜씨 쎄-떼그쟈끄뜨멍 쓰 끄 주 쉐흐쉐

아, 감사합니다. 딱 제가 찾던 겁니다.

B : **Je vous en prie, faites-moi savoir si vous avez encore besoin d'aide.**

주 부-졍 프히 페뜨 무와 싸부와흐 씨 부-쟈베 엉꼬흐 브주왕 데드

별말씀을요, 도움이 더 필요하시면 알려주세요.

더 알아보기

Faites-moi savoir 패턴은 명사, 의문절, si 절 등 다양하게 활용할 수 있어 활용도가 아주 높은 패턴이니 잘 알아두면 좋겠죠?

Faites-moi savoir + (명사)	ㅇㅇ을 알려주세요.
Faites-moi savoir + où	어디에 ~하는지 알려주세요.
Faites-moi savoir + comment	어떻게 ~하는지 알려주세요.
Faites-moi savoir + quel	~가 무엇인지 알려주세요.
Faites-moi savoir + à quelle heure	몇 시에 ~하는지 알려주세요.
Faites-moi savoir + si	~하다면 알려주세요.
Faites-moi savoir + ce que	~하는 것을 알려주세요.

» **Faites-moi savoir vos coordonnées, s'il vous plaît.**
페뜨 무와 싸부와흐 보 꼬오흐도네 실 부 쁠레
연락처를 좀 알려주시겠어요?

» **Faites-moi savoir à quelle heure vous allez venir.**
페뜨 무와 싸부와흐 아 껠-뢰흐 부-쟐레 브니흐
몇 시에 오실지 알려주세요.

» **Faites-moi savoir comment y aller.**
페뜨 무와 싸부와흐 꼬멍 이 알레
어떻게 가는지 알려주세요.

» **Faites-moi savoir si cela vous intéresse.**
페뜨 무와 싸부와흐 씨 쓸라 부-쟝떼헤쓰
관심이 있으시다면 알려주세요.

» **Faites-moi savoir votre avis.**
페뜨 무와 싸부와흐 보트-하비
당신의 의견을 알려주세요.

» **Faites-moi savoir ce que vous voulez manger ce soir.**
페뜨 무와 싸부와흐 쓰 끄 부 불레 멍줴 쓰 쓰와흐
오늘 저녁에 드시고 싶은 것을 알려주세요.

01 좋은 아이디어 있으면 알려주세요.

🔊 **Faites-moi savoir si vous avez des idées sympas.**

02 빠르게 알려주세요!

🔊 **Faites-moi savoir rapidement !**

03 어떤 생각이신지 알려주세요.

🔊 **Faites-moi savoir ce que vous pensez.**

04 하루에 물을 몇 잔 마시는지 알려주세요.

🔊 **Faites-moi savoir combien de verres d'eau vous buvez par jour.**

05 어려움이 있으면 알려주세요.

🔊 **Faites-moi savoir si vous rencontrez des difficultés.**

06 국적이 무엇인지 알려주세요.

🔊 **Faites-moi savoir quelle est votre nationalité.**

07 어떻게 도울 수 있을지 알려주세요.

🔊 **Faites-moi savoir comment je peux vous aider.**

08 어떤 영화를 보고 싶은지 알려주세요.

🔊 **Faites-moi savoir quel genre de film vous voulez regarder.**

단어장

idée (아이디어) | sympa (좋은) | rapidement (빠르게) | penser (생각하다) | verre d'eau (물 한 잔) | par jour (하루에) | rencontrer (만나다) | difficulté (어려움) | nationalité (국적) | aider (돕다) | film (영화)

01 신상품이 뭔지 알려주세요.

Faites-moi savoir _____ est le nouveau modèle.

a) quel   b) ce que   c) où   d) si

02 당신의 아이디어를 알려주세요.

_____ vos idées.

a) Faites-moi   b) Faites moi savoir
c) Faite-moi savoir   d) Faites-moi savoir

03 물 한 잔을 원하시면 알려주세요.

Faites-moi savoir ____ vous voulez un verre d'eau.

a) ce que   b) quelle   c) si   d) comment

04 어떻게 하면 당신을 만날 수 있는지 알려주세요.

Faites-moi savoir _____ je peux vous rencontrer.

a) à quelle heure b) comment   c) combien   d) quand

05 빠르게 연락처를 알려주세요.

Faites-moi savoir vos coordonnées _____.

a) rapidemant   b) rapidment   c) rapidement   d) rapidmant

정답

01. a) '~가 무엇인지 알려주세요~'를 묻기 위해서는 패턴과 함께 quel을 사용해야 합니다.
02. d) 패턴 + (명사) 구문이죠? Faites-moi savoir의 정확한 철자 확인해 주세요!
03. c) '~하다면 알려주세요'를 묻기 위해서는 패턴과 함께 si를 사용해야 합니다.
04. b) '어떻게 ~하는지 알려주세요'는 Faites-moi savoir comment이 되겠죠?
05. c) '빠르게'의 올바른 철자는 rapidement입니다.

45 주저 없이 원하시는 것을 말씀해 주세요.

- N'hésitez pas à + (동사)는 '주저 없이 ~하세요'라는 뜻으로 사용됩니다. '~하기를 주저하지 마세요'라는 의미로 이해할 수도 있겠죠? 이 패턴을 통해 상대를 조금 더 배려하는 섬세함을 보일 수 있답니다.

회화 톡!

A : **N'hésitez pas à me demander ce que vous voulez.**

네지떼 빠 아 므 드멍데 쓰 끄 부 불레

주저 없이 원하시는 것을 말씀해주세요.

B : **Je voudrais ce pantalon dans une plus grande taille, s'il vous plaît.**

주 부드헤 쓰 뻥딸롱 덩-쥔 쁠류 그헝드 따이 씰 부 쁠레

저, 이 바지, 더 큰 사이즈로 하나 주세요.

A : **Tenez, c'est la plus grande taille.**

뜨네 쎌-라 쁠류 그헝드 따이-

여기 있습니다. 가장 큰 사이즈예요.

B : **Merci beaucoup !**

멬씨 보꾸

정말 감사합니다!

더 알아보기

최상급의 표현
Le plus + (형용사) + (명사) ♂
La plus + (형용사) + (명사) ♀

C'est le plus grand garçon de la classe. ♂   반에서 가장 키가 큰 남자아이야.
C'est la plus grande maison du quartier. ♀   이 동네에서 가장 큰 집이야.

» **N'hésitez pas à me poser des questions.**

네지떼 빠 아 므 뽀제 데 께쓰띠옹

제게 질문하기를 주저하지 마세요.

» **N'hésitez pas à vous abonner.**

네지떼 빠 아 부-쟈보네

구독하기를 주저하지 마세요.

» **N'hésitez pas à me contacter.**

네지떼 빠 아 므 꽁따끄떼

주저 없이 제게 연락주세요.

» **N'hésitez pas à me donner des conseils.**

네지떼 빠 아 므 도네 데 꽁쎄이-

얼마든지 조언해 주세요.

» **N'hésitez pas à exprimer votre avis.**

네지떼 빠 아 엑쓰프히메 보트-하비

주저 없이 의견을 내주세요.

» **N'hésitez pas à revenir plus tard.**

네지떼 빠 아 흐브니흐 쁠류 따흐

나중에 언제든지 재방문해 주세요.

01 주저 없이 댓글을 달아주세요.

🔊 **N'hésitez pas à mettre des commentaires.**

02 얼마든지 사진을 찍으세요.

🔊 **N'hésitez pas à prendre des photos.**

03 주저 없이 함께 논의하세요.

🔊 **N'hésitez pas à discuter ensemble.**

04 엘리베이터 타기를 주저하지 마세요.

🔊 **N'hésitez pas à prendre l'ascenseur.**

05 원하시는 것을 마음껏 주문하세요.

🔊 **N'hésitez pas à commander ce que vous voulez.**

06 20분 정도 낮잠 자기를 주저하지 마세요.

🔊 **N'hésitez pas à faire une sieste de 20 minutes.**

07 얼마든지 더 드세요.

🔊 **N'hésitez pas à vous resservir.**

08 얼마든지 문자 남겨주세요.

🔊 **N'hésitez pas à me laisser un message.**

단어장

mettre un commentaire (댓글을 달다) | prendre des photos (사진을 찍다) | discuter (논의하다, 의논하다) | ensemble (함께) | prendre l'ascenseur (엘리베이터를 타다) | commander (주문하다) | vouloir (원하다) | prendre une sieste (낮잠을 자다) | resservir (리필을 하다, 더 가져다가 먹다) | laisser un message (문자를 남기다)

다음 빈칸에 들어갈 알맞은 말을 모두 고르세요!

01 주저 없이 의견을 내주세요.

_____ **exprimer votre avis.**

a) Hésitez-pas à   b) N'hésitez pas   c) N'hésitez pas à   d) N'hésitez-pas

02 주저 없이 댓글을 달아주세요.

N'hésitez pas à _____ un commentaire.

a) prendre   b) laisser   c) mettre   d) discuter

03 얼마든지 엘리베이터를 타세요.

N'hésitez pas à prendre _____.

a) l'ascenseur   b) des photos   c) une sieste   d) un message

04 주저 없이 재방문해 주세요.

N'hésitez pas à _____.

a) revenir   b) remettre   c) resservir   d) reposer

05 주저 없이 제게 연락주세요.

N'hésitez pas à _____.

a) contacter   b) vous contacter   c) me contacter   d) se contacter

---

정답

01. c)   N'hésitez pas 다음에 à를 넣어주는 걸 잊지 마세요!
02. b, c)   '댓글을 달다'는 mettre un commentaire입니다. '댓글을 남기다'로 laisser un commentaire도 사용 가능합니다.
03. c)   '엘리베이터'는 ascenseur입니다.
04. a)   '돌아오다', '재방문하다'는 revenir입니다.
05. c)   '연락하다'는 contacter, '저에게'는 me(=à moi)가 되겠죠?

46 어떤 상품을 추천하시나요?

- Qu'est-ce que~는 프랑스어에서 기본적으로 가장 많이 쓰이는 질문 패턴이라고 할 수 있어요. '어떤~' 또는 '무엇을~'에 대한 질문을 던질 때 Qu'est-ce que를 사용한답니다. 그럼 예시를 함께 살펴보겠습니다!

회화 톡!

A : **Qu'est-ce que vous me recommandez comme article ?**

께쓰끄 부 므 흐꼬멍데 꼼 아흐띠끌르

어떤 상품을 추천하시나요?

B : **Qu'est-ce que vous voulez comme recommandation ?**

께쓰끄 부 불레 꼼 흐꼬멍다씨옹

무엇을 추천해 드리길 원하세요?

A : **Aucune idée, je vous fais confiance.**

오뀬-니데 주 부 페 꽁피엉쓰

글쎄요, 전혀 모르겠어요. 당신만 믿을게요.

B : **Qu'est-ce que c'est difficile !**

께쓰끄 쎄 디피씰

이렇게 어려울 수가!

더 알아보기

Qu'est-ce que가 질문 패턴이라고 소개해 드렸는데, 감탄사로도 쓰일 수 있답니다. 감탄사로 쓰이는 경우에는 물음표가 아닌 느낌표가 들어가며, 이때 의미는 '이렇게 ~할 수가!'가 됩니다.

Ex Qu'est-ce qu'il fait beau !   이렇게 날씨가 좋을 수가!

» **Qu'est-ce que vous voulez faire demain ?**

께쓰끄 부 불레 페흐 드망

내일 무엇을 하고 싶으세요?

» **Qu'est-ce que vous en pensez ?**

께쓰끄 부-정 뻥쎄

어떻게 생각하시나요?

» **Qu'est-ce que c'est que ça ?**

께쓰끄 쎄 끄 싸

이게 대체 무엇인가요?

» **Qu'est-ce que vous voulez comme dessert ?**

께쓰끄 부 불레 꼼 데쎄흐

디저트로 무엇을 드시겠어요?

» **Qu'est-ce qu'il est beau !**

께쓰낄-레 보

이렇게 멋질 수가!

» **Qu'est-ce que c'est bon !**

께쓰끄 쎄 봉

이렇게 맛있을 수가!

따라하기 · 이제 원어민 음성을 듣고, 함께 따라 해봅시다!

01 어떤 차를 갖고 계시나요?

🔊 **Qu'est-ce que vous avez comme voiture ?**

02 제가 무엇을 해야 할까요?

🔊 **Qu'est-ce que je dois faire ?**

03 무엇이 이해가 안 가나요?

🔊 **Qu'est-ce que vous ne comprenez pas ?**

04 한국에 대해 어떻게 생각하시나요?

🔊 **Qu'est-ce que vous pensez de la Corée ?**

05 지금 뭐해?

🔊 **Qu'est-ce que tu es en train de faire maintenant ?**

06 대체 우리가 신께 무슨 죄를 지은 걸까요?

🔊 **Qu'est-ce qu'on a fait au Bon Dieu ?**

07 예술이란 무엇일까?

🔊 **Qu'est-ce que l'art ?**

08 이렇게 수영을 잘하다니!

🔊 **Qu'est-ce qu'il nage bien !**

단어장

voiture (차) | devoir (해야 한다) | faire (하다) | comprendre (이해하다) | penser (생각하다) | corée (한국) | maintenant (지금) | bon dieu (신, 하나님) | art (예술) | nager (수영)

다음 빈칸에 들어갈 알맞은 말을 모두 고르세요!

01 어떤 상품이 있나요?

_____ **vous avez comme article ?**

a) Qu'est-ce que b) Qu'est ce que c) Qu'et ce que d) Qu'et-ce que

02 어떤 차를 원하시나요?

Qu'est-ce que vous _____ comme voiture ?

a) avez b) comprenez c) faites d) voulez

03 이 디저트에 대해 어떻게 생각하시나요?

Qu'est-ce que vous _____ de ce dessert ?

a) êtes b) pensez c) faites d) voulez

04 이렇게 날씨가 좋을 수가!

Qu'est-ce qu'il _____ !

a) faire beau b) fait beau c) être beau d) est beau

05 이렇게 이해를 잘 할 수가!

Qu'est-ce qu'il _____ bien !

a) comprenez b) comprent c) comprends d) comprend

정답

01. a) Que + Est-ce que의 올바른 철자는 Qu'est-ce que입니다.
02. d) '원하다'는 vouloir동사입니다. 주어 vous를 만나면 vous voulez가 되겠죠?
03. b) '생각하다'는 penser동사입니다. 주어 vous를 만나면 vous pensez입니다!
04. b) 날씨가 좋다고 이야기할 때에는 beau와 함께 faire동사를 사용합니다.
05. d) '이해하다'는 comprendre동사이고, 주어 il을 만나면 comprend이 됩니다.

47 왜 이 원피스를 고르셨나요?

• 이유를 묻는 패턴 Pourquoi를 활용한 다양한 표현을 함께 알아봅시다!

👆 **회화 톡!**

A : **Pourquoi vous avez choisi cette robe ?**

뿌흐꽈 부-쟈베 슈와지 쎄뜨 호브

왜 이 원피스를 고르셨나요?

B : **Devinez pourquoi.**

드비네 뿌흐꽈

왜인지 알아맞혀 보세요.

A : **Moi, je ne peux pas savoir pourquoi.**

무와 쥬 느 쁘 빠 싸부와흐 뿌흐꽈

저는 왜인지 알 수가 없죠.

B : **Mais pourquoi !**

메 뿌흐꽈

왜 몰라요!

👆 **더 알아보기**

Pourquoi   왜~ (why)

Pourquoi ne pas   왜 ~ 하지 않나요? / ~하는 건 어때요? (why not)

» **Pourquoi vous êtes en retard ?**

뿌흐꽈 부 제-떵 흐따흐

왜 지각하셨죠?

» **Pourquoi nous n'avons que 3 jours de congés ?**

뿌흐꽈 누 나봉 끄 트후와 쥬흐 드 꽁제

왜 휴일이 3일밖에 없죠?

» **Pourquoi ne pas acheter une pastèque ?**

뿌흐꽈 느 빠 아슈떼 윈 빠쓰떼끄

수박을 사는 건 어때요?

» **Pourquoi c'est important ?**

뿌흐꽈 쎄-땅뽀흐떵

그게 왜 중요하죠?

» **Tout le monde le fait, alors pourquoi pas moi ?**

똘-르 몽드 르 페 알로흐 뿌흐꽈 빠 무와

모두가 하는데, 저라고 못할 건 없죠.

» **Dis-moi pourquoi.**

디 무와 뿌흐꽈

왜인지 말해 줘.

따라하기 이제 원어민 음성을 듣고, 함께 따라 해봅시다!

01 왜 이렇게 슬퍼하세요?

🔊 **Pourquoi vous êtes aussi triste ?**

02 왜 고양이를 무서워하세요?

🔊 **Pourquoi vous avez peur des chats ?**

03 왜 전화하셨어요?

🔊 **Pourquoi vous m'avez appelé ?**

04 왜 못 오시나요?

🔊 **Pourquoi vous ne pouvez pas venir ?**

05 왜 작동이 안 되는지 알았어요.

🔊 **J'ai compris pourquoi ça ne marchait pas.**

06 세상을 바꿔보지 않을래?

🔊 **Pourquoi ne pas changer le monde ?**

07 두 분이 왜 싸웠나요?

🔊 **Pourquoi vous vous êtes disputés tous les deux ?**

08 왜 불을 켜지 않나요?

🔊 **Pourquoi ne pas allumer la lumière ?**

단어장

être triste (슬퍼하다) | avoir peur (무서워하다, 두려워하다) | chat (고양이) | appeler (전화하다, 부르다) | pouvoir (할 수 있다) | venir (오다) | comprendre (이해하다) | marcher (걷다, 작동하다) | changer (바꾸다) | monde (세상) | se disputer (싸우다) | allumer (켜다) | lumière (불, 빛)

다음 빈칸에 들어갈 알맞은 말을 모두 고르세요!

01 왜 이렇게 무서워하세요?

_____ vous avez aussi peur ?

a) Pourquoi   b) Porque   c) Pourqui   d) Porquoi

02 왜인지 말해주세요.

_____ pourquoi.

a) Disez-moi   b) Dîtes-moi   c) Dites-moi   d) Dîsez-moi

03 왜 작동이 안 되나요?

Pourquoi ça ne _____ pas.

a) marche   b) allume   c) vient   d) appelle

04 왜 모두가 그것을 할까요?

Pourquoi _____ le fait ?

a) tous le monde   b) tout le mond   c) tout le monde   d) tout la monde

05 나와 함께 오지 않을래?

_____ venir avec moi ?

a) Pourquoi   b) Pourquoi ne
c) Pourquoi ne pas   d) Pourquoi pa

정답

01. a)   pourquoi의 정확한 철자를 잘 기억해 주세요!
02. c)   '말하다'는 dire동사이고, 주어 vous를 만나면 vous dites입니다.
03. a)   marcher동사는 '걷다'라는 의미도 있지만, '작동하다'라는 의미로도 쓰여요!
04. c)   '모두'는 tout le monde입니다! 철자에 주의해 주세요!
05. c)   '~하는 건 어때요?'의 의미로는 pourquoi ne pas표현을 써주면 됩니다.

48 색이 예쁘기 때문이에요.

• 이유를 묻는 패턴 Pourquoi를 배웠으니 이제 그 물음에 답하는 C'est parce que를 배워 봅시다!

A : **Alors... Dites-moi pourquoi vous avez choisi cette robe.**

알로흐 띠뜨 무와 뿌흐꽈 부-쟈베 슈와지 쎄뜨 호브

자, 왜 이 원피스를 고르셨는지 말해주세요.

B : **C'est parce que la couleur est magnifique !**

쎄 빠흐쓰 끄 라 꿀뢰흐 에 마니피끄

왜냐하면 색이 예쁘기 때문이에요!

A : **Ah, c'est pour ça que vous l'aimez !**

아 쎄 뿌흐 싸 끄 불-레메

아, 그래서 마음에 들어 하신 거군요!

B : **Oui, c'est pourquoi je l'ai choisie.**

위 쎄 뿌흐꽈 쥴-레 슈와지

네, 그래서 고른 거예요.

 더 알아보기

C'est parce que   왜냐하면~ 때문이에요.

C'est pour ça que / C'est pourquoi ~해서, ~라서, 그래서~

» **C'est parce qu'il y avait trop d'embouteillage.**
쎄 빠흐쓰 낄-리 야베 트호 덩부떼야쥬
왜냐하면 차가 너무 막혔기 때문이에요.

» **C'est parce que nous devons finir ce projet d'ici cette semaine.**
쎄 빠흐쓰 끄 누 드봉 피니흐 쓰 프호줴 디씨 쎄뜨 쓰멘
왜냐하면 이 프로젝트를 이번 주 안으로 끝내야 하기 때문이에요.

» **C'est pour ça que je suis en train d'aller au supermarché.**
쎄 뿌흐 싸 끄 주 쓰위-정 트항 달레 오 쓔뻬흐 마흐쉐
그래서 지금 마트에 가고 있는 중이에요.

» **C'est parce que le client a insisté sur ça.**
쎄 빠흐쓰 끄 르 끌리엉 아 앙씨쓰떼 쓔흐 싸
왜냐하면 고객이 강조한 부분이기 때문이에요.

» **C'est parce que j'ai confiance en moi.**
쎄 빠흐쓰 끄 줴 꽁피엉쓰 엉 무와
왜냐하면 저는 스스로를 믿기 때문이에요.

» **C'est parce que je t'aime.**
쎄 빠흐쓰 끄 쥬 뗌므
왜냐하면 널 사랑하기 때문이야.

01 왜냐하면 그가 저를 떠났기 때문이에요.

🔊 **C'est parce qu'il m'a quittée.**

02 왜냐하면 저를 할퀴었기 때문이에요.

🔊 **C'est parce qu'il m'a griffé.**

03 왜냐하면 약속을 잡고 싶었기 때문이에요.

🔊 **C'est parce que je voulais prendre un rendez-vous.**

04 딸이 아프기 때문이에요.

🔊 **C'est parce que ma fille est malade.**

05 배터리가 없었기 때문이에요.

🔊 **C'est parce qu'il n'y avait plus de batterie.**

06 그래서 세상을 바꿔야 하는 거예요.

🔊 **C'est pourquoi on doit changer le monde.**

07 왜냐하면 오해가 있었기 때문이에요.

🔊 **C'est parce qu'il y a eu un malentendu.**

08 왜냐하면 전기를 아껴야 하기 때문이에요.

🔊 **C'est parce qu'on doit économiser l'électricité.**

단어장

quitter (떠나다) | griffer (할퀴다) | prendre un rendez-vous (약속을 잡다) | fille (여자아이, 딸) | être malade (아프다) | batterie (배터리) | changer (바꾸다) | monde (세상) | malentendu (오해) | économiser (절약하다, 아끼다) | électricité (전기)

01 왜냐하면 색이 너무 예쁘기 때문이에요.

_____ la couleur est magnifique.

a) C'est pourquoi   b) C'est car   c) C'est parce que   d) C'est pour ça que

02 왜냐하면 약속이 있었기 때문이에요.

C'est parce qu'il y avait _____.

a) un rendez vous   b) une rendez-vous

c) un rendez-vous   d) une rendez vous

03 왜냐하면 제가 당신을 믿기 때문이에요.

C'est parce que j'ai confiance _____.

a) en lui   b) en toi   c) en moi   d) en vous

04 그래서 전기를 아껴야 해요.

_____ on doit économiser l'électricité.

a) C'est pour ça qu'   b) C'est pourquoi

c) C'est parce que   d) C'est car

05 왜냐하면 제가 아프기 때문이에요.

C'est parce que je suis _____.

a) malade   b) malentendu   c) monde   d) magnifique

정답

01. c) '왜냐하면 ~ 때문이에요'는 C'est parce que가 되겠죠?
02. c) '약속'은 rendez-vous이고 남성 명사입니다.
03. d) '당신을 믿다'는 avoir confiance en vous입니다.
04. a, b) '그래서~'는 C'est pour ça que 또는 C'est pourquoi를 사용해 줍니다.
05. c) '아프다'는 être malade입니다.

둘 중에 고르시기만 하면 됩니다.

- '~만 하면 됩니다'는 Vous n'avez qu'à + (동사) 패턴을 사용하면 됩니다. 자, 이 패턴을 배우기 위해 교재를 잘 따라오시기만 하면 됩니다! Vous n'avez qu'à suivre le manuel !

👆 회화 톡!

A : **Je vais vous offrir un cadeau, c'est un foulard.**

주 페 부-조프히흐 앙 까도 쎄-땅 풀라흐

선물을 하나 드릴게요, 스카프예요.

B : **Oh, que vous êtes gentille.**

오 끄 부-제뜨 졍띠-

어머, 너무 친절하시네요.

A : **Il y a deux types de foulard, vous n'avez qu'à en choisir un.**

일-리 아 두 띱 드 풀라흐 부 나베 까 엉 슈와지흐 앙

스카프가 두 종류인데, 이 중 하나를 고르시기만 하면 됩니다.

B : **Moi, je voudrais celui qui est gris.**

무와 주 부드헤 쓸르위 끼 에 그히

저는 회색인 것으로 고를래요.

👆 더 알아보기

지시대명사

	남성	여성
단수 이것, 이사람	celui	celle
복수 이것들, 이사람들	ceux	celles

대상이 가까이에 있으면 celui-ci / celle-ci / ceux-ci / celles-ci
멀리 있으면 celui-là / celle-là / ceux-là / celles-là 로 사용할 수 있습니다.

연습하기

» **Vous n'avez qu'à traverser la rue.**
부 나베 꺄 트하베흐세 라 휴
길을 건너기만 하면 됩니다.

» **Vous n'avez qu'à appuyer sur ce bouton.**
부 나베 꺄 아쀠예 쓔흐 쓰 부똥
이 버튼을 누르시기만 하면 됩니다.

» **Vous n'avez qu'à répondre à quelques questions.**
부 나베 꺄 헤뽕드흐 아 껠끄 께쓰띠옹
몇 가지 질문에 답하기만 하면 됩니다.

» **Vous n'avez qu'à apporter votre passeport.**
부 나베 꺄 아뽀흐떼 보트흐 빠쓰뽀흐
여권을 챙겨오시기만 하면 됩니다.

» **Vous n'avez qu'à faire 5 minutes de marche.**
부 나베 꺄 페흐 쌩 미뉴뜨 드 마흐슈
5분간 걸어오시기만 하면 됩니다.

» **Vous n'avez qu'à répondre au téléphone.**
부 나베 꺄 헤뽕드흐 오 뗄레폰
전화를 받으시기만 하면 됩니다.

따라하기 이제 원어민 음성을 듣고, 함께 따라 해봅시다!

01 이 문제를 해결하시기만 하면 됩니다.
🔊 **Vous n'avez qu'à régler ce problème.**

02 2유로를 내시기만 하면 됩니다.
🔊 **Vous n'avez qu'à payer 2 euros.**

03 인터넷에 검색하기만 하면 됩니다.
🔊 **Vous n'avez qu'à chercher sur Internet.**

04 이렇게 하기만 하면 됩니다.
🔊 **Vous n'avez qu'à faire comme ça.**

05 이것을 보기만 하면 됩니다.
🔊 **Vous n'avez qu'à voir celui-ci.** ♂

06 저것을 버리기만 하면 됩니다.
🔊 **Vous n'avez qu'à jeter celui-là.** ♂

07 이것을 이해하기만 하면 됩니다.
🔊 **Vous n'avez qu'à comprendre celle-ci.** ♀

08 저것을 채점하기만 하면 됩니다.
🔊 **Vous n'avez qu'à corriger celle-là.** ♀

단어장

régler (해결하다) | problème (문제) | payer (결제하다) | euro (유로) | chercher (찾다) |
internet (인터넷) | faire (하다) | comme ça (이렇게) | voir (보다) | jeter (버리다) |
comprendre (이해하다) | corriger (채점하다)

다음 빈칸에 들어갈 알맞은 말을 모두 고르세요!

01 이 문제를 이해하기만 하면 됩니다.

_____ comprendre ce problème.

a) Vous avez
b) Vous n'avez pas
c) Vous n'avez que
d) Vous n'avez qu'à

02 이것을 해결하기만 하면 됩니다.

Vous n'avez qu'à régler _____. ♂

a) celui-ci
b) celle-ci
c) celui-là
d) celle-là

03 선택만 하시면 됩니다.

Vous n'avez qu'à _____.

a) corriger
b) jeter
c) choisir
d) payer

04 이것에 답하기만 하면 됩니다.

Vous n'avez qu'à _____ à celle-ci.

a) comprendre
b) traverser
c) chercher
d) répondre

05 저것을 챙겨오시기만 하면 됩니다.

Vous n'avez qu'à apporter _____. ♀

a) celui-ci
b) celle-ci
c) celui-là
d) celle-là

정답

01. d) '~만 하면 됩니다'는 Vous n'avez qu'à 패턴을 사용해 주면 됩니다.
02. a) '이것'을 나타내는 남성 단수 지시대명사는 celui-ci입니다.
03. c) '선택하다, 고르다'는 choisir입니다.
04. c) '답하다'는 répondre입니다.
05. d) '저것'을 나타내는 여성 단수 지시대명사는 celle-là입니다.

50 회색 스카프가 마음에 드셨나요?

- 이번에는 (명사) + plaire 동사를 활용해 마음에 들었는지 묻는 법을 배워보려고 해요! 현재형과 과거형을 이용한 두 가지 질문 패턴을 함께 배워볼까요?

회화 톡!

A : **Le foulard gris vous plaît ?**

르 풀라흐 그히 부 쁠레

회색 스카프가 마음에 드시나요?

B : **Oui, il me plaît beaucoup.**

위 일 므 쁠레 보꾸

네, 아주 마음에 들어요.

A : **Et la robe bleue que vous avez achetée, elle vous a plu aussi ?**

엘-라 호브 블루 끄 부-쟈베 아슈떼 엘 부-쟈 쁠류 오씨

그리고 아까 구매하신 원피스도 마음에 드셨나요?

B : **Oui, bien sûr. Elle m'a vraiment plu.**

위 비앙슈흐 엘 마 브헤멍 쁠류

네, 물론이죠. 정말 마음에 들었어요.

더 알아보기

색깔을 나타내는 형용사

Blanc / blanche	하얀	Bleu / bleue	파란
Blond / blonde	금발의	Brun / brune	갈색의
Châtain	흑갈색의	Gris / grise	회색의
Jaune	노란	Marron	밤색의
Noir / noire	검은	Orange	주황색의
Rose	분홍색의	Rouge	빨간
Vert / verte	초록색의	Violet / violette	보라색의

» **Le film** vous a plu ?

르 필므 부-쟈 쁠류

영화가 마음에 드셨나요?

» **Le repas** vous a plu ?

르 흐빠 부-쟈 쁠류

식사가 만족스러우셨나요?

» **Est-ce qu'elle** vous plaît ?

에쓰-껠 부 쁠레

그녀가 마음에 드시나요?

» **Qu'est-ce qui** vous a plu **en particulier** ?

께쓰끼 부-쟈 쁠류 엉 빠흐띠뀰리에

특별히 어떤 점이 마음에 드셨나요?

» **J'espère que ça** vous a plu !

제쓰뻬흐 끄 싸 부-쟈 쁠류

마음에 들었기를 바라요!

» **Ce romancier** vous a plu ?

쓰 호멍씨에 부-쟈 쁠류

이 소설가가 마음에 드셨나요?

따라하기   이제 원어민 음성을 듣고, 함께 따라 해봅시다!

01   이 풍경이 마음에 드시나요?

🔊 **Ce paysage vous plaît ?**

02   이 보라색 목걸이가 마음에 드시나요?

🔊 **Ce collier violet vous plaît ?**

03   축제가 마음에 드셨나요?

🔊 **Est-ce que le festival vous a plu ?**

04   이 배우의 연기가 마음에 드셨나요?

🔊 **Le jeu de cet acteur vous a plu ?**

05   만족스러웠나요?

🔊 **Ça vous a plu ?**

06   새로운 집이 마음에 드시나요?

🔊 **La nouvelle maison vous plaît ?**

07   여행이 만족스러우셨나요?

🔊 **Le voyage vous a plu ?**

08   그 생각이 마음에 드셨나요?

🔊 **Cette idée vous a plu ?**

단어장

paysage (풍경) | collier (목걸이) | festival (축제) | jeu (연기, 놀이, 게임) | acteur (배우) | ça (이것) | nouveau / nouvelle (새로운) | maison (집) | voyage (여행) | idée (생각, 아이디어)

풀어보기 다음 빈칸에 들어갈 알맞은 말을 모두 고르세요!

01 검은색 원피스가 마음에 드시나요?

La robe _____ vous plaît ?

a) noir   b) gris   c) noire   d) grise

02 초록색 스카프가 마음에 드셨나요?

Le foulard _____ vous a plu ?

a) verte   b) bleue   c) bleu   d) vert

03 이 새로운 아이디어가 마음에 드세요?

Cette nouvelle idée _____ ?

a) vous plait   b) vous plît   c) vous plaît   d) vous a plu

04 마음에 들었기를 바라요!

_____ que ça vous a plu !

a) J'espère   b) J'éspere   c) J'espére   d) J'èspere

05 게임이 만족스러우셨나요?

Est-ce que le jeu _____ ?

a) vous plu   b) vous a plus   c) vous a plu   d) vous plu à

정답

01. c)   robe가 여성 명사이기 때문에 noire가 정답이 되겠죠?

02. d)   foulard가 남성 명사이기 때문에 vert가 정답이 되겠죠?

03. c)   현재형으로 마음에 드는지 물을 때는 (명사) + vous plaît 패턴을 사용해 줍니다.

04. a)   '~바라요'는 J'espère입니다. (56과 참고)

05. c)   과거형으로 마음에 드는지 물을 때는 (명사) + vous a plu 패턴을 사용해 줍니다.

A: **Bonjour madame.**
봉쥬흐 마담

B: **Bonjour monsieur. Je voudrais un kilo de pommes de terre.**
봉쥬흐 므쓔 주 부드헤 앙 낄로 드 뽐 드 떼흐

A: **Très bien, et avec ceci ?**
트헤 비앙 에 아벡 쓰씨

B: **Qu'est-ce que vous avez comme fruit ?**
께쓰끄 부-쟈베 꼼 프흐위

A: **Nous avons des fraises, des pommes et des bananes. Vous n'avez qu'à choisir.**
누-쟈봉 데 프헤즈 데 뽐 에 데 바난느 부 나베 꺄 슈와지흐

B: **Alors je prends six bananes. Combien ça coûte ?**
알로흐 쥬 프헝 씨 바난느 꼼비앙 싸 꾸뜨

A: **Un kilo de pommes de terre avec six bananes : c'est 3 euros.**
앙 낄로 드 뽐 드 떼흐 아벡 씨 바난느 쎄 트후와-죄호

B: **Voilà, merci et bonne journée !**
브왈라 멬씨 에 본 쥬흐네

A : 안녕하세요.

B : 네, 안녕하세요. 감자 1KG 좀 주세요.

A : 알겠습니다, 더 필요하신 게 있으세요?

B : 혹시 과일은 어떤 종류가 있나요?

A : 딸기와 사과 그리고 바나나가 있습니다. 이중에 고르기만 하시면 됩니다.

B : 그럼 바나나도 6개 주세요. 얼마죠?

A : 감자 1KG랑 바나나 6개는 3유로입니다.

B : 자, 여기 있습니다. 감사합니다. 좋은 하루 되세요!

정리하기

더 필요하신 게 있으세요?	Et avec ceci ?
과일은 어떤 종류가 있나요?	Qu'est-ce que vous avez comme fruit ?
고르기만 하시면 됩니다.	Vous n'avez qu'à choisir.
얼마인가요?	Combien ça coûte ?
여기 있습니다.	Voilà.

PARTIE

06

생각 10마디

MP3

51 말보다 행동으로 보여주는 것이 나아요.

- '‌B보다 A하는 것이 나아요' 라는 말을 할 때 사용할 수 있는 패턴이 바로 Il vaut mieux A que B입니다. 해당 패턴을 응용한 대화문 함께 살펴볼까요?

회화 툭!

A : **Il vaut mieux faire que dire.**

　　일 보 미외 페흐 끄 디흐

　　말보다 행동으로 보여주는 것이 나아요.

B : **Oui, et il vaut mieux encourager que critiquer.**

　　위 에 일 보 미외 엉꾸하제 끄 크히띠께

　　네, 그리고 비판하기보다 응원하는 것이 낫죠.

A : **Il vaut mieux ne pas oublier ces phrases.**

　　일 보 미외 느 빠 우블리에 쎄 프하즈

　　이 문장들을 잊지 않는 게 좋겠어요.

B : **En effet, il vaut mieux les retenir.**

　　엉-네페 일 보 미외 레 흐뜨니흐

　　맞아요, 기억하는 게 좋겠네요.

 더 알아보기

que를 사용해서 A와 B를 비교하지 않고 il vaut mieux 패턴만을 사용하면 '~하는 것이 좋겠어요' 라는 의미가 됩니다.

연습하기

» **Il vaut mieux tard que jamais.**

일 보 미외 따흐 끄 쟈메

아예 하지 않는 것보다 늦게라도 하는 게 더 나아요.

» **Il vaut mieux dormir tôt.**

일 보 미외 도흐미흐 또

일찍 자는 것이 좋겠어요.

» **On ne sait jamais, donc il vaut mieux avoir un plan B.**

옹 느 쎄 쟈메 동끄 일 보 미외 아부와흐 앙 쁠렁 베

혹시 모르니, 플랜 B를 갖고 있는 게 좋겠어요.

» **Il vaut mieux consulter un expert que parler à tes amis.**

일 보 미외 꽁쓜떼 앙 엑쓰뻬흐 끄 빠흘레 아 떼-쟈미

친구들에게 이야기하는 것보다 전문가를 찾아가는 게 더 나아.

» **Il vaut mieux utiliser la calculatrice que calculer dans sa tête.**

일 보 미외 유띨리제 라 깔뀨라트히쓰 끄 깔꿀레 덩 싸 떼뜨

암산을 하는 것보다 계산기를 사용하는 것이 더 나아요.

» **Il vaut mieux faire ce que tu aimes que ce que les autres te demandent de faire.**

일 보 미외 페흐 쓰 끄 뜌 엠 끄 쓰 끄 레-조트흐 뜨 드멍드 드 페흐

다른 사람들이 요구하는 것을 하는 것보다 네가 좋아하는 것을 하는 게 더 나아.

• 235

따라하기   이제 원어민 음성을 듣고, 함께 따라 해봅시다!

01   아침에 운동을 하는 것이 더 좋아요.

🔊 **Il vaut mieux faire du sport le matin.**

02   침묵하는 것이 더 좋겠어요.

🔊 **Il vaut mieux rester silencieux.**

03   세상의 질서보다 자신의 욕구를 바꾸는 것이 더 나아요.

🔊 **Il vaut mieux changer ses désirs que l'ordre du monde.**

04   거짓보다 진실을 말하는 것이 더 나아요.

🔊 **Il vaut mieux dire la vérité que mentir.**

05   받는 것보다 주는 것이 더 나아요.

🔊 **Il vaut mieux donner que recevoir.**

06   우는 것보다 웃어넘기는 것이 더 나아요.

🔊 **Il vaut mieux en rire qu'en pleurer.**

07   사람보다 법을 따르는 것이 더 나아요.

🔊 **Il vaut mieux obéir aux lois qu'aux hommes.**

08   모르는 게 더 좋아요.

🔊 **Il vaut mieux ne pas savoir.**

단어장

faire du sport (운동을 하다) | matin (아침, 오전) | rester silencieux (침묵하다, 침묵한 채로 있다) | changer (바꾸다) | désir (욕구, 욕망) | ordre (질서) | monde (세상) | dire la vérité (진실을 말하다) | mentir (거짓말을 하다) | donner (주다) | recevoir (받다) | rire (웃다) | pleurer (울다) | obéir (따르다, 복종하다) | loi (법) | homme (사람, 남자) | savoir (알다)

다음 빈칸에 들어갈 알맞은 말을 모두 고르세요!

01 자신이 좋아하는 것을 하는 게 좋아요.

_____ **faire ce qu'on aime.**

a) Il faut mieux   b) Il vaut mieux   c) Il mieux vaut   d) Il mieux faut

02 늦게 보다 일찍 운동을 하는 것이 더 좋아요.

Il vaut mieux faire du sport _____ que _____.

a) tard, tôt   b) târd, tot   c) tot, tard   d) tôt, tard

03 플랜 B를 사용하는 것이 좋겠어요.

Il vaut mieux _____ le plan B.

a) avoir   b) parler   c) utiliser   d) calculer

04 진실을 말하는 것이 좋겠어요.

Il vaut mieux _____.

a) dire la vérité   b) obéir aux lois   c) changer ses désirs   d) rester silencieux

05 모르는 게 더 좋아요.

Il vaut mieux _____.

a) ne savoir pas   b) savoir ne pas   c) savoir pas ne   d) ne pas savoir

정답

01. b)   '~하는 것이 좋아요'는 il vaut mieux패턴을 통해 표현해 줍니다.
02. d)   'A보다B'는 'B que A'임을 잊지 마세요! '늦게 보다 일찍'은 tôt que tard입니다.
03. c)   '사용하다'는 utiliser입니다.
04. a)   '진실을 말하다'는 dire la vérité 입니다.
05. d)   '모르다' = '알지 못하다' 일 때에 ne pas + (동사) 형태로 써줘야 합니다.

당신의 도움이 꼭 필요해요.

• 자신이 필요한 것을 요구할 때 또는 자신이 해야 하는 것에 대해 말할 때 쓸 수 있는 표현이 바로 J'ai besoin de + (필요한 것)입니다. 필요를 나타내는 이 패턴을 함께 배워볼까요?

회화 톡!

A : **Écoutez, j'ai une chose à vous dire...**

에꾸떼 줴 윈 쇼즈 아 부 디흐

저, 드릴 말씀이 있는데요...

B : **Oui, qu'est-ce que c'est ?**

위 께쓰끄 쎄

네, 뭔가요?

A : **J'ai absolument besoin de votre aide.**

줴 압솔류멍 브주왕 드 보트-헤드

당신의 도움이 절실히 필요해요.

B : **Comment puis-je vous aider ?**

꼬멍 쁘위 쥬 부-제데

제가 어떻게 도와드릴 수 있나요?

더 알아보기

생각을 강하게 나타내는 부사

absolument	꼭	franchement	솔직히
vraiment	정말로	forcément	반드시
strictement	엄밀히	totalement	완전히

» **J'ai vraiment besoin de repos.**
쥬 브헤멍 브주왕 드 흐뽀
저는 휴식이 필요해요.

» **J'ai besoin de monnaie pour acheter une baguette.**
쥬 브주왕 드 모네 뿌흐 아슈떼 윈 바게뜨
바게트를 사려면 잔돈이 필요해요.

» **J'ai forcément besoin de vérifier la météo.**
쥬 포흐쎄멍 브주왕 드 베히피에 라 메떼오
일기예보를 반드시 확인해야 해요.

» **J'ai besoin de remplir le dossier d'inscription totalement.**
쥬 브주왕 드 헝쁠리흐 르 도씨에 당쓰크힙씨옹 또딸멍
신청서를 다 작성해야 해요.

» **J'ai besoin de changer ma tenue.**
쥬 브주왕 드 성쥬 마 뜨뉴
옷차림을 바꿔야 해요.

» **J'ai besoin de ma canne, vous l'avez vue ?**
쥬 브주왕 드 마 깐느 부 라베 뷰
제 지팡이가 필요한데, 혹시 보셨나요?

이제 원어민 음성을 듣고, 함께 따라 해봅시다!

01 솔직히 전 자전거가 필요해요.
🔊 **Franchement, j'ai besoin d'un vélo.**

02 거래처를 찾아야 해요.
🔊 **J'ai besoin de trouver un partenaire commercial.**

03 처음부터 다시 시작해야 해요.
🔊 **J'ai besoin de recommencer dès le début.**

04 돋보기 안경이 필요해요.
🔊 **J'ai besoin de lunettes de vue.**

05 노트북 충전기가 필요해요.
🔊 **J'ai besoin d'un chargeur d'ordinateur portable.**

06 케이크를 굽기 위해 오븐이 필요해요.
🔊 **J'ai besoin d'un four pour faire un gâteau.**

07 도움의 손길이 필요해요.
🔊 **J'ai besoin d'un coup de main.**

08 활기가 필요해요.
🔊 **J'ai besoin d'énergie.**

단어장

vélo (자전거) | trouver (찾다) | partenaire commercial (거래처) | recommencer (다시 시작하다) | dès le début (처음부터) | lunettes de vue (돋보기 안경) | chargeur (충전기) | ordinateur portable (노트북) | four (오븐) | faire un gâteau (케이크를 만들다, 굽다) | coup de main (도움의 손길) | énergie (활기, 에너지)

다음 빈칸에 들어갈 알맞은 말을 모두 고르세요!

01 잔돈이 필요해요.

_____ monnaie.

a) J'ai besoin   b) J'ai besoin de   c) J'aie besoin de   d) Je suis besoin

02 도움의 손길이 필요해요.

J'ai besoin d' _____.

a) une coupe de main   b) un coup main

c) un coup de main   d) une coup de main

03 오븐이 꼭 필요해요.

J'ai _____ besoin d'un four.

a) absoluement   b) absolumen   c) absolluement   d) absolument

04 저는 솔직히 휴식이 필요해요.

J'ai _____ besoin de repos.

a) franchement   b) strictement   c) totalement   d) vraiment

05 지팡이가 필요해요.

J'ai besoin d'_____.

a) une canne   b) un chargeur   c) un partenaire   d) un dossier

---

정답

01. b)   '~가 필요해요'는 j'ai besoin de입니다.

02. c)   '도움의 손길'은 coup de main이고, coup는 남성 명사입니다.

03. d)   '꼭'의 의미를 가진 부사는 absolument입니다. 철자를 기억해 주세요!

04. a)   '솔직히'의 의미를 가진 부사는 franchement입니다.

05. c)   '지팡이'는 canne이고, 여성 명사입니다.

53 더 일찍 오실 필요 없습니다.

• '~가 꼭 필요해요'와 반대되는 표현으로 '~할 필요 없어요'가 있죠. 이처럼 필요 없다는 것을 이야기할 때 Ce n'est pas la peine de + (동사) 패턴을 사용하게 됩니다.

회화 톡!

A : **Rendez-vous à vendredi alors.**

헝데부 아 벙드흐디 알로흐

그럼 금요일 약속 때 뵙겠습니다.

B : **Très bien, n'oubliez pas de venir avec toute la famille.**

트헤 비앙 누블리에 빠 드 브니흐 아벡 뚜뜨 라 파미-

좋습니다. 가족 동반인 거 잊지 마시고요.

A : **Je dois venir à quelle heure exactement ?**

주 두와 브니흐 아 껠 외흐 에그작뜨멍

정확하게 몇 시까지 와야 하나요?

B : **Vers 18 heures, ce n'est pas la peine de venir plus tôt.**

베흐 디즈위-뙤흐 쓰 네 빠 라 뻰 드 브니흐 쁠류 또

저녁 6시쯤이요, 더 일찍 오실 필요는 없습니다.

더 알아보기

N'oubliez pas de + (동사)는 반대로 '~하는 것 잊지 마세요'라는 의미를 가집니다.

Ex N'oubliez pas de venir tôt. 일찍 오는 거 잊지 마세요

VS Ce n'est pas la peine de venir tôt. 일찍 오실 필요 없어요

연습하기

» **Ce n'est pas la peine de me remercier.**

쓰 네 빠 라 뻰 드 므 흐메흐씨에

제게 고마워할 필요 없어요.

» **Ce n'est pas la peine de vous excuser.**

쓰 네 빠 라 뻰 드 부-젝쓰뀨제

미안해하실 필요 없어요.

» **Mais enfin, ce n'est pas la peine de crier !**

메 엉팡 쓰 네 빠 라 뻰 드 크히에

아니, 소리 지를 필요는 없잖아요!

» **Ce n'est pas la peine de changer quoi que ce soit, c'est parfait.**

쓰 네 빠 라 뻰 드 셩쥐 꾸와 끄 쓰 쑤와 쎄 빠흐페

완벽해요, 그 무엇도 바꿀 필요 없어요.

» **Ce n'est pas la peine de tout expliquer.**

쓰 네 빠 라 뻰 드 뚜-떽쓰쁠리께

모든 것을 다 설명할 필요 없어요.

» **Ce n'est pas la peine de rester debout.**

쓰 네 빠 라 뻰 드 헤쓰떼 드부

서 있을 필요 없어요.

01   그에게 이 질문을 할 필요는 없어요.

🔊 **Ce n'est pas la peine de lui poser cette question.**

02   폴더를 저장할 필요 없어요.

🔊 **Ce n'est pas la peine d'enregistrer le dossier.**

03   이렇게 크게 숨을 쉴 필요는 없어요.

🔊 **Ce n'est pas la peine de respirer aussi fort.**

04   옆에 앉을 필요 없어요.

🔊 **Ce n'est pas la peine de s'asseoir à côté.**

05   우산을 챙길 필요 없어요.

🔊 **Ce n'est pas la peine de prendre un parapluie.**

06   오늘까지 마칠 필요는 없어요.

🔊 **Ce n'est pas la peine de finir aujourd'hui.**

07   무리할 필요는 없어요.

🔊 **Ce n'est pas la peine de vous forcer.**

08   그 얘기를 할 필요는 없어요.

🔊 **Ce n'est pas la peine d'en parler.**

단어장

poser une question (질문을 하다) | enregistrer (저장하다) | dossier (폴더) | respirer (숨을 쉬다) | fort (강하게) | s'asseoir (앉다) | à côté (옆에) | prendre le parapluie (우산을 챙기다) | finir (끝내다, 마치다) | pour aujourd'hui (오늘까지) | se forcer (무리하다) | parler (말하다, 이야기하다)

다음 빈칸에 들어갈 알맞은 말을 모두 고르세요!

01 오실 필요 없습니다.

_____ venir.

a) Ce n'est pas la peine   b) Ce n'est peine

c) Ce n'est peine de   d) Ce pas la peine

02 다 바꾸실 필요 없어요.

Ce n'est pas la peine de tout _____.

a) changer   b) expliquer   c) rester   d) forcer

03 제게 그 얘기를 할 필요는 없어요.

Ce n'est pas la peine de _____.

a) me parler   b) en parler   c) m'en parler   d) me en parler

04 저장할 필요는 없어요.

Ce n'est pas la peine d' _____.

a) respirer   b) s'asseoir   c) enregistrer   d) crier

05 무리할 필요는 없어.

Ce n'est pas la peine de _____.

a) se forcer   b) me forcer   c) te forcer   d) le forcer

정답

01. a)   '~할 필요 없어요'는 Ce n'est pas la peine de + (동사)입니다.
02. a)   '바꾸다'는 changer 동사입니다.
03. c)   '제게'는 me로, '그 얘기를 하다'는 en parler가 되겠죠?
04. c)   d'가 힌트가 되어주었나요? '저장하다'는 enregistrer입니다.
05. a, b, c)   동사가 se forcer이기 때문에 se forcer, me forcer, te forcer 모두 주어가 생략되
               는 한국어 의미에 맞게 사용이 가능합니다. le forcer의 경우는 의미가 달라집니다.
               (se forcer = 무리하다, forcer = 강제로 ~하게 하다)

좋은 생각인 것 같아요.

- penser, croire, trouver 동사로 '~한 것 같아요'라는 자신의 생각을 표현하는 말을 배워보 겠습니다. 이 3가지 동사가 주어 je 를 만나는 je pense que, je crois que, je trouve que + (평서문)이 기본 패턴이 됩니다.

👆 회화 톡!

A : **Et si on allait à la plage samedi ?**

에 씨 옹-나레 알-라 쁠라쥬 쌈디

토요일에 바닷가 가는 거 어때요?

B : **Je trouve que c'est une bonne idée.**

주 트후브 끄 쎄-뛴 보-니데

좋은 생각인 것 같아요.

A : **Je crois aussi que c'est une excellente idée.**

주 크후와 오씨 끄 쎄-뛴 엑쎌렁-띠데

제 생각에도 아주 훌륭한 생각인 것 같아요.

B : **Par contre, je pense qu'il va peut-être faire trop chaud.**

빠흐 꽁트흐 주 뻥쓰 낄 바 쁘떼트흐 페흐 트호 쇼

반면에, 어쩌면 너무 더울 것 같기도 하네요.

👆 더 알아보기

반대 의견을 나타내는 표현

par contre	반면에	au contraire	반대로
en revanche	이에 반해	cependant	그러나

Je pense/crois/trouve que의 경우 뒤에 따르는 평서문의 주어가 Je와 동일할 경우, 해당 패턴 을 그대로 사용하면 조금 어색하게 느껴질 수 있습니다. 따라서 그런 경우 다음과 같이 que 대신 에 바로 동사원형으로 연결시켜줄 수 있습니다.

Ex ~~Je pense que j'ai une excellente idée.~~ → Je pense avoir une excellente idée.

연습하기

» **Je pense que vous avez raison.**
주 뻥쓰 끄 부-쟈베 헤종
당신 말이 맞는 것 같아요.

» **Je ne crois pas avoir bien compris.**
주 느 크후와 빠 아부와흐 비앙 꽁프히
제가 잘 이해하지 못한 것 같아요.

» **Au contraire, je trouve que c'est sa faute.**
오 꽁트헤흐 주 트후브 끄 쎄 싸 포뜨
오히려 반대로 그의 잘못인 것 같아요.

» **Je pense que vous êtes tombé amoureux.**
주 뻥쓰 끄 부-제뜨 똥베 아무회
당신은 사랑에 빠진 것 같아요.

» **Je crois que tout le monde a bien fait son travail.**
주 크후와 끄 뚜 르 몽드 아 비앙 페 쏭 트하바이
모두가 자신의 맡은 바를 잘해준 것 같아요.

» **Je trouve que ce macaron est vraiment délicieux.**
주 트후브 끄 쓰 마까홍 에 브헤멍 델리씨외
이 마카롱 정말 맛있는 것 같아요.

01 절대 못 잊을 것 같아요.

🔊 Je pense **ne jamais pouvoir l'oublier.**

02 감기에 걸리신 것 같아요.

🔊 Je crois que **vous êtes tombé malade.**

03 너 미용실에 가야 할 것 같아.

🔊 Je trouve que **tu devrais aller chez le coiffeur.**

04 최소 35도는 되는 것 같아요.

🔊 Je pense **qu'il fait au moins 35 degrés.**

05 고장이 난 것 같아요.

🔊 Je crois **qu'il est tombé en panne.**

06 그에 반해 이건 아쉬운 것 같아요.

🔊 En revanche, je trouve que **c'est dommage.**

07 그러나 이건 위험한 것 같아요.

🔊 Cependant, je pense que **c'est dangereux.**

08 함정에 빠진 것 같아요.

🔊 Je crois **être tombé dans le piège.**

단어장

jamais (절대) | oublier (잊다) | tomber malade (감기에 걸리다, 아프다) | aller chez le coiffeur (미용실에 가다) | faire ____ degrés (온도가 ~도다) | tomber en panne (고장이 나다) | être dommage (아쉽다) | être dangereux (위험하다) | tomber dans le piège (함정에 빠지다)

다음 빈칸에 들어갈 알맞은 말을 모두 고르세요!

01 훌륭한 생각인 것 같아요.

_____ c'est une excellente idée.

a) Je suis que b) Je pense que c) Je crois que d) Je trouve que

02 사랑에 빠지신 것 같아요.

Je pense que vous êtes _____.

a) tombé malade   b) tombé en panne

c) tombé amoureux   d) tombé dans le piège

03 모두의 말이 맞는 것 같아요.

Je trouve que tout le monde _____.

a) avoir raison b) ont raison c) as raison d) a raison

04 아쉬운 것 같아요.

Je pense que c'est _____.

a) dommage b) dangereux c) degrés d) délicieux

05 저의 잘못인 것 같아요.

Je crois que c'est _____.

a) ma fautte b) mon faute c) mon fautte d) ma faute

정답

01. b, c, d) '~한 것 같아요'는 Je pense que, je crois que, je trouve que 3가지 동사 패턴을 사용할 수 있습니다.

02. c) '사랑에 빠지다'는 tomber amoureux 입니다.

03. d) '옳다'는 avoir raison입니다. 주어 tout le monde를 만나면 3인칭 단수로 동사를 맞춰줍니다.

04. a) '아쉽다'하고 말할 때 C'est dommage라고 합니다.

05. c) '잘못'은 faute이고 여성 명사입니다. 철자에 주의해 주세요!

55 주말 잘 보내세요.

- '~하길 바라요'와 같이 누군가에게 무언가를 기원하는 바람을 표현할 때 사용하는 패턴이 바로 Je vous souhaite입니다. 여기서 souhaiter동사는 영어의 wish동사와 같다고 보시면 됩니다.

회화 톡!

A : **Nous sommes enfin vendredi !**
누 쏨-정팡 벙드흐디
드디어 금요일이에요!

B : **J'adore les vendredis comme tout le monde.**
쟈도흐 레 벙드흐디 꼼 뚤-르 몽드
모두가 그렇듯 저는 금요일이 참 좋아요.

A : **Je vous souhaite un bon week-end !**
주 부 쑤에뜨 앙 봉 위깬드
주말 잘 보내세요!

B : **Je vous souhaite aussi un très bon week-end !**
주 부 쑤에뜨 오씨 앙 트헤 봉 위깬드
좋은 주말 보내시길 바랍니다!

더 알아보기

Je te/vous souhaite 와 Je souhaite의 차이
te나 vous가 들어갈 경우 너 혹은 당신에게 기원하는 것이라면, 그냥 je souhaite라고 한다면 내가 원하는 것, 필요한 것을 요구하는 표현이 됩니다.

Ex Je souhaite réserver deux places.　　　　두 자리를 예약하고 싶어요.

연습하기

» **Je vous souhaite une excellente journée.**
주 부 쑤에뜨 윈 엑쎌렁뜨 쥬흐네
최고의 하루 보내세요.

» **Je vous souhaite un prompt rétablissement.**
주 부 쑤에뜨 앙 프홍 헤따블리쓰멍
빠른 쾌차를 바랍니다.

» **Je vous souhaite de bonnes vacances.**
주 부 쑤에뜨 드 본느 바껑쓰
좋은 방학 보내세요.

» **Je vous souhaite un bel été.**
주 부 쑤에뜨 앙 벨 에떼
아름다운 여름 보내세요.

» **Je vous souhaite tout le bonheur du monde.**
주 부 쑤에뜨 뚜 르 보뇌흐 듀 몽드
이 세상의 모든 행복을 당신께 빕니다.

» **Je vous souhaite une bonne continuation dans vos futurs projets.**
주 부 쑤에뜨 윈 본느 꽁띠뉴아씨옹 덩 보 퓨튜흐 프호줴
앞으로 하시는 일들이 모두 잘되길 바랍니다.

01 많은 성공을 기원합니다.

🔊 Je vous souhaite **plein de succès.**

02 좋은 여정 되세요.

🔊 Je vous souhaite **un bon séjour.**

03 모두에게 환영의 인사를 전합니다.

🔊 Je vous souhaite **à tous la bienvenue.**

04 안전한 귀가를 바랍니다.

🔊 Je vous souhaite **un bon retour.**

05 행운을 빕니다!

🔊 Je vous souhaite **bonne chance !**

06 메리 크리스마스!

🔊 Je vous souhaite **un joyeux Noël !**

07 힘내세요!

🔊 Je vous souhaite **bon courage !**

08 건강하시길 바랍니다.

🔊 Je vous souhaite **une bonne santé.**

단어장

plein (많은, 꽉 찬) | succès (성공) | séjour (여정) | tous (모두) | bienvenue (환영) | retour
à la maison (귀가) | chance (행운) | joyeux noël (메리 크리스마스) | bon courage (힘내세요,
용기 내세요, 기운 내세요) | santé (건강)

01 좋은 하루 보내세요!

_____ **une bonne journée !**

a) Je vous souhaite   b) Je souhaite vous   c) Je te souhaite   d) Je souhaite

02 행운을 빕니다.

Je vous souhaite _____.

a) Bon chance   b) bon courage   c) bonne courage   d) bonne chance

03 메리 크리스마스!

Je vous souhaite _____ !

a) joyeux noël   b) joyeux noél   c) joyeux Noêl   d) joyeux Noël

04 환영합니다.

Je vous souhaite _____.

a) la bienvenue   b) la santé   c) le séjour   d) le retour

05 빠른 쾌차를 빕니다.

Je vous souhaite un _____.

a) prompt rétablissement   b) promt rétablissment
c) prompt rétablissement   d) promp rétablissement

정답

01. a)   누군가에게 무언가를 기원할 때 사용하는 패턴! Je vous souhaite입니다.
02. d)   chance가 '행운'을 뜻하고, 여성 단수이기 때문에 형용사 bonne로 성과 수를 일치해 줍니다.
03. d)   Noël은 대문자로 써주어야 합니다! 철자에도 주의해 주세요!
04. a)   '환영'은 bienvenue입니다. 여성 명사인 것 잊지 마세요.
05. c)   '빠른'은 prompt '쾌차'는 rétablissement 입니다. 올바른 철자를 확인해 주세요.

56 날씨가 좋길 바랍니다.

• 앞서 souhaiter동사를 통해 다른 사람에게 기원하는 표현을 배워보았다면, 이번에는 espérer 동사를 통해서 자신의 바람을 이야기하는 또 다른 패턴인 J'espère que를 함께 배워봅시다!

회화 톡!

A : **Qu'est-ce que vous faites demain ?**

께쓰끄 부 페뜨 드망

내일 무엇을 하시나요?

B : **Je vais faire une randonnée en montagne.**

주 베 페흐 윈 헝도네 엉 몽따뉴

산에서 등산을 할 거예요.

A : **Quelle bonne idée !**

껠 보-니데

너무 좋은 생각이네요!

B : **J'espère qu'il va faire beau.**

제쓰뻬흐 낄 바 페흐 보

날씨가 좋길 바랍니다.

더 알아보기

간접 미래 동사를 단순 미래로 바꿔서 사용할 수도 있어요.

Ex J'espère qu'il va faire beau → J'espère qu'il fera beau.

단순 미래 Le futur simple
= 동사원형 + 미래형 어미

je	-ai	Nous	-ons
Tu	-as	Vous	-ez
Il / Elle	-a	Ils / Elles	-ont

연습하기

» **J'espère que tout se passera bien.**

제쓰뻬흐 끄 뚜 쓰 빠쓰하 비앙

모든 것이 잘 되길 바랍니다.

» **J'espère aller voir la Coupe du Monde.**

제쓰뻬흐 알레 부와흐 라 꿉 듀 몽드

월드컵을 보러 갔으면 좋겠어요.

* J'espère que j'irai voir la Coupe du Monde. (X) 54과 참고

» **J'espère que vous allez bien.**

제쓰뻬흐 끄 부-쟐레 비앙

잘 지내시길 바라요.

» **J'espère que tu as bien dormi.**

제쓰뻬흐 끄 뜌 아 비앙 도흐미

잘 잤길 바라.

» **J'espère qu'on se verra bientôt !**

제쓰뻬흐 꽁 쓰 베하 비앙또

곧 만나길 바라요!

» **J'espère qu'il n'y a rien de grave.**

제쓰뻬흐 낄-니야 히앙 드 그하브

심각한 일은 아니길 바라요.

이제 원어민 음성을 듣고, 함께 따라 해봅시다!

01 내일은 더 나아지길 바라요.

🔊 J'espère **aller mieux demain.**

02 제가 당신의 기대에 부응하길 바라요.

🔊 J'espère **être à la hauteur de vos attentes.**

03 제가 실수한 것이 아니길 바라요.

🔊 J'espère **ne pas me tromper.**

04 제가 잘 이해한 것이길 바라요.

🔊 J'espère **avoir bien compris.**

05 당신에게 이것이 언젠가 도움이 되길 바랍니다.

🔊 J'espère **que** ça vous **aidera** un jour.

06 좋은 결정을 내렸기를 바라요.

🔊 J'espère **que nous avons pris la bonne décision.**

07 저를 믿어 주시기를 바랍니다.

🔊 J'espère **que vous me** ferez **confiance.**

08 나중에 다시 돌아왔으면 좋겠어요.

🔊 J'espère **revenir plus tard.**

단어장

mieux (더 나은, 더 잘) | demain (내일) | être à la hauteur des attentes (기대에 부응하다) | se tromper (실수하다, 틀리다) | comprendre (이해하다) | aider (돕다) | un jour (언젠가) | prendre une décision (결정을 내리다) | faire confiance (신뢰를 하다, 믿다) | revenir (돌아오다) | plus tard (나중에)

01 날씨가 좋기를 바라요.

J'espère qu'il _____ beau.

a) faire   b) va faire   c) fera   d) ferai

02 내일 당신을 보러 가길 바라요.

J'espère _____ vous voir demain.

a) que j'irai   b) j'irai   c) que je vais aller   d) aller

03 곧 만나기를 바라요!

J'espère qu'on _____ bientôt !

a) va voir   b) va se voir   c) verra   d) se verra

04 당신에 도움이 되기를 바랍니다.

J'espère que _____.

a) ça vous aider   b) ça va aider   c) ça va vous aider   d) ça vous aidera

05 당신이 다시 돌아오길 바랍니다.

J'espère que vous _____.

a) allez revenir   b) reviendrez   c) reviendrer   d) revenir

---

정답

01. b, c)   주어 il과 만난 'faire' 동사의 간접 미래는 va faire, 단순 미래는 fera입니다.

02. d)   que 뒤에 je가 올 경우에는 que를 생략하고 동사 원형으로 문장을 구성합니다.

03. b, d)   주어 on과 만난 'se voir' 동사의 간접 미래는 va se voir, 단순 미래는 se verra입니다.

04. c, d)   주어 ça와 만난 'aider' 동사의 간접 미래는 va aider, 단순 미래는 aidera입니다.

05. a, b)   주어 vous와 만난 'revenir' 동사의 간접 미래는 allez revenir, 단순 미래는 reviendrez
입니다.

57 내일 비가 올 것 같아요.

- '~인 것 같아요'라는 표현을 할 때 비인칭 구문으로 il me semble que + (주어) + (동사) 패턴을 사용합니다. il semble que와는 다르게 접속법이 아닌 직설법으로 사용되니 이 부분 기억해 주세요!

회화 톡!

A : **Vous savez quoi ?**

부 싸베 꾸와

그거 아세요?

B : **Non, mais il me semble que vous allez me donner une mauvaise nouvelle.**

농 메 일 므 썽블르 끄 부-쟐레 므 도네 윈 모베즈 누벨

아뇨, 근데 왠지 제게 안 좋은 소식을 전하실 것 같은데요.

A : **En effet. Il me semble qu'il va pleuvoir demain.**

엉-네페 일 므 썽블르 낄 바 쁠루부와흐 드망

맞아요. 내일 비가 올 것 같아요.

B : **Oh, non. Je ne pourrai pas aller en montagne.**

오 농 쥬 느 뿌헤 빠 알레 엉 몽따뉴

오, 저런. 산에 가지 못하겠네요.

더 알아보기

Vous savez quoi ?   그거 아세요?
Tu sais quoi ?   너 그거 아니?

» **Il me semble que ce chapeau vous irait très bien.**

일 므 썽블르 끄 쓰 샤뽀 부-지헤 트헤 비앙

이 모자가 엄청 잘 어울리실 것 같아요.

» **Il me semble que tu as grandi d'au moins 5 cm.**

일 므 썽블르 끄 뜌 아 그헝디 도 무왕 쌩끄 썽띠메트흐

키가 최고 5센치는 큰 것 같아.

» **Il me semble que la banque ferme à 16 heures.**

일 므 썽블르 끄 라 벙끄 페흐므 아 쎄-죄흐

은행은 4시에 문을 닫는 것 같아.

» **Il me semble que vous êtes très créatif.**

일 므 썽블르 끄 부-제뜨 트헤 크헤아티프

당신은 정말 창의적인 것 같아요.

» **Vous savez quoi ? Il me semble qu'il est fâché contre moi.**

부 싸베 꾸와 일 므 썽블르 낄-레 파쉐 꽁트흐 무와

그거 아세요? 그는 제게 화가 난 것 같아요.

» **Il me semble que vous avez déjà pris votre décision.**

일 므 썽블르 끄 부-쟈베 데쟈 프히 보트흐 데씨지옹

당신은 이미 결정을 내리신 것 같네요.

01   넌 이 책을 읽었을 것 같아.

🔊 **Il me semble que tu as déjà lu ce livre.**

02   내일 눈이 내릴 것 같아요.

🔊 **Il me semble qu'il va neiger demain.**

03   아무도 전화를 받지 않을 것 같아요.

🔊 **Il me semble que personne ne va répondre au téléphone.**

04   이게 제일 중요한 것 같아요.

🔊 **Il me semble que c'est le plus important.**

05   그거 아세요? 지원자가 20명인 것 같아요.

🔊 **Vous savez quoi ? Il me semble qu'il y a vingt candidats.**

06   합격했다고 들은 것 같아요.

🔊 **Il me semble qu'il a été admis.**

07   그는 국수를 안 좋아하는 것 같아요.

🔊 **Il me semble qu'il n'aime pas les nouilles.**

08   여행이 취소된 것 같아요.

🔊 **Il me semble que le voyage a été annulé.**

단어장

lire (읽다) | livre (책) | neiger (눈이 내리다) | demain (내일) | personne (아무도) | répondre au téléphone (전화를 받다) | important (중요한) | candidat (지원자) | être admis (합격하다) | aimer (좋아하다) | nouilles (국수, 면요리) | voyage (여행) | être annulé (취소되다)

다음 빈칸에 들어갈 알맞은 말을 모두 고르세요!

01 그거 아세요?

Vous _____ quoi ?

a) savoir   b) avoir   c) avez   d) savez

02 내일 산에 가지 못할 것 같아요.

_____ que vous n'allez pas pouvoir aller en montagne.

a) Il me semble que   b) Il te semble que

c) Il vous semble que   d) Il semble que

03 아무도 합격하지 못한 것 같아요.

Il me semble que personne n'_____.

a) a été annulé   b) a été admis   c) est fâché   d) est important

04 나 이 책을 읽은 것 같아.

Il me semble que _____ ce livre.

a) j'ai lu   b) je n'ai pas lu   c) je l'ai lu   d) je le lu

05 나 좀 큰 것 같아.

Il me semble que _____ un peu _____.

a) j'ai, grandi   b) je suis, grandi   c) j'ai, grandis   d) j'ai, grandit

---

정답

01. d)   '알다'는 savoir동사이고, 주어 vous를 만나면 vous savez입니다.
02. a)   '~인 것 같아요'는 Il me semble que + (주어) + (동사) 패턴입니다.
03. b)   '합격하다'는 être admis이고 부정 대명사personne을 만나 a été admis가 됩니다.
04. a)   '읽다'동사 lire가 복합 과거에서 주어 je를 만나면 j'ai lu가 됩니다.
05. a)   '크다'동사 grandir가 복합 과거에서 주어 je를 만나면 j'ai grandi가 됩니다.

58 결과가 만족스러울 것이라 확신합니다.

- 확신하는 표현을 배워볼까요? '~라고 확신해요'는 Je suis sûr que 패턴을 사용합니다. 여기에서 주어 Je가 여성일 경우에는 sûre가 된답니다.

👆 회화 톡!

A : **Demain, c'est le jour de mon examen.**

드망 쎄 르 쥬흐 드 모-네그쟈망

내일이 시험 보는 날이에요.

B : **Vous êtes prêt à bien passer votre examen ?**

부-제뜨 프헤 아 비앙 빠쎄 보트-헤그쟈망

시험 잘 볼 준비가 되셨나요?

A : **Oui, j'ai beaucoup étudié. Je suis sûr que le résultat sera satisfaisant.**

위 줴 보꾸-뻬뜌디에 주 쓰위 쓔흐 끄 르 헤쥴따 쓰하 싸띠쓰프정

네, 열심히 공부했어요. 결과가 만족스러울 것이라 확신합니다.

B : **Alors, je suis sûre que vous allez réussir votre examen.**

알로흐 주 쓰위 쓔흐 끄 부-쟐레 헤위씨흐 보트-헤그쟈망

그렇다면 시험에 꼭 합격할 것이라 확신해요.

👆 더 알아보기

Passer와 réussir 동사의 차이
프랑스어에서 passer는, 영어의 pass 동사와는 다르게 '합격하다'는 의미가 아닌 '시험을 치다'라는 뜻을 지닙니다. 그렇다면 프랑스어로 시험에 합격했다고 말할 때는 어떤 동사를 사용할까요?
바로 réussir동사입니다. passer un examen과 réussir un examen의 차이, 이제 잘 아시겠죠?

» **Je suis sûr que vous aimez la cuisine française.**
주 쓰위 쓔흐 끄 부-제메 라 뀌진 프헝세즈
프랑스 요리를 좋아하실 거라고 확신해요.

» **Je suis sûr que le colis va être livré demain.**
주 쓰위 쓔흐 끄 르 꼴리 바 에트흐 리브헤 드망
내일 택배가 도착할 거라고 확신해요.

» **Je suis sûr que cela ne sera pas difficile pour vous.**
주 쓰위 쓔흐 끄 쓸라 느 쓰하 빠 디피씰 뿌흐 부
당신에게 어렵지 않을 거라고 확신해요.

» **Je suis sûr que vous avez oublié quelque chose.**
주 쓰위 쓔흐 끄 부-자베 우블리에 껠끄 쇼즈
뭔가 잊어버리신 것이 확실해요.

» **Je suis sûr que votre couleur préférée est le jaune.**
주 쓰위 쓔흐 끄 보트흐 꿀뢰흐 프헤페헤 에 르 존
가장 좋아하시는 색이 노란색일 거라 확신해요.

» **Je suis sûr que cette actrice est américaine.**
주 쓰위 쓔흐 끄 쎄뜨 악트히쓰 에-따메히껜
이 여배우가 미국인일 거라 확신해요.

01 그가 나를 싫어하는 게 분명해요.

🔊 **Je suis sûre qu'il me déteste.**

02 우리가 경기에서 이길 것이라 확신해요.

🔊 **Je suis sûre qu'on va gagner le match.**

03 여기가 가격이 더 비쌀 것이라 확신해요.

🔊 **Je suis sûre que le prix est plus élevé ici.**

04 올해가 더 추운 것이라고 확신해요.

🔊 **Je suis sûre qu'il fait plus froid cette année.**

05 다 먹지 못할 것이라고 확신해요.

🔊 **Je suis sûre qu'on ne pourra pas tout manger.**

06 이 또한 지나갈 것이라고 확신해요.

🔊 **Je suis sûre que ça va passer.**

07 저 사람이 범인일 거라 확신해요!

🔊 **Je suis sûre que c'est lui le coupable !**

08 주인공은 절대 죽지 않을 거라 확신해요.

🔊 **Je suis sûre que le héros ne va jamais mourir.**

단어장

déster (싫어하다, 미워하다) | gagner le match (경기에서 이기다) | prix (가격, 상) | élevé
(높은) | froid (추운) | année (해, 년) | pouvoir (할 수 있다) | tout (다) | manger (먹다) |
passer (지나가다) | coupable (범인) | héros (주인공) | jamais (절대) | mourir (죽다)

다음 빈칸에 들어갈 알맞은 말을 모두 고르세요!

01 노란색을 좋아하실 거라 확신해요.

_____ vous aimez le jaune.

a) Je suis sûr   b) Je suis sûre que   c) Je suis sûr que   d) Je suis sûre

02 우리가 상을 탈 거라 생각해요.

Je suis sûr qu'on va gagner _____.

a) le prix   b) le match   c) la prix   d) la match

03 이 또한 지나갈 것이라고 확신해요.

Je suis sûr que ça _____.

a) passer   b) passera   c) va passera   d) va passer

04 저 배우가 주인공일 거라 확신해요.

Je suis sûr que cet acteur est _____.

a) l'héros   b) le héros   c) le héro   d) l'héro

05 여기가 더 추운 것이라고 확신해요.

Je suis sûr qu'il fait plus _____ ici.

a) froi   b) frois   c) froid   d) froie

정답

01. b, c)   '~라고 확신해요'는 Je suis sûr que(남성 주어) 또는 Je suis sûre que (여성 주어)입니다.

02. a)   prix는 '가격' 또는 '상'의 의미를 갖고 있는 남성 명사입니다.

03. b, d)   '지나가다'는 passer동사이고, 간접 미래나 단순 미래 모두 사용이 가능합니다.

04. b)   '주인공'은 le héros입니다. 단수/복수 모두 s가 들어가니 철자에 주의해 주세요!

05. c)   '추운'은 froid입니다. d 발음이 나진 않지만, 빠뜨리지 않도록 주의해 주세요!

59 제 메일을 확인했는지 모르겠네요.

- '~인지 궁금하네요'나 '~인지 모르겠네요'처럼 무언가 궁금하거나 확신이 없는 내용을
이야기할 때 Je me demande si 패턴을 사용한답니다. 예시를 함께 살펴볼까요?

🖐 회화 톡!

A : **Il vous a répondu ?**

일 부-자 헤뽕듀

그가 답장을 했나요?

B : **Pas encore. Je me demande s'il a vérifié mon mail.**

빠-정꼬흐 주 므 드멍드 씰-라 베히피에 몽 메일

아직요. 제 메일을 확인했는지 모르겠네요.

A : **Ah bon ? Je me demande si vous ne vous êtes pas trompé d'adresse ?**

아 봉 주 므 드멍드 씨 부 느 부-제뜨 빠 트홍뻬 다드헤쓰

그래요? 주소가 잘못된 건 아닌지 모르겠네요.

B : **Vous avez raison... Je me demande si je l'ai bien envoyé à la bonne adresse.**

부-쟈베 헤종 주 므 드멍드 씨 쥴-레 비앙-넝부와예 알-라 보-나드헤쓰

당신 말이 맞아요... 제가 바른 주소로 잘 보냈는지 모르겠네요.

🖐 더 알아보기

업무에 꼭 필요한 '메일'과 관련된 어휘

mail, courriel, courrier électronique, e-mail	이메일
adresse e-mail	이메일 주소
répondre à un mail	이메일에 답장을 하다
vérifier un mail	이메일을 확인하다
attacher un fichier	파일을 첨부하다
envoyer en pièce jointe	첨부 파일로 보내다

연습하기

» **Je me demande si je le connais.**

주 므 드멍드 씨 주 르 꼬네

그를 아는지 잘 모르겠네요.

» **Je me demande si la réunion va finir avant midi.**

주 므 드멍드 씨 라 헤유니옹 바 피니흐 아벙 미디

정오 전에 회의가 끝날지 궁금하네요.

» **Je me demande si un jour je pourrai réaliser mon rêve.**

주 므 드멍드 씨 앙 쥬흐 주 뿌헤 헤알리제 몽 헤브

언젠가 제가 제 꿈을 이룰 수 있을지 궁금해요.

» **Je me demande si ce n'est pas le frère de Pierre.**

주 므 드멍드 씨 쓰 네 빠 르 프헤흐 드 삐에흐

Pierre의 형제가 아닌지 궁금하네요.

» **Je me demande si quelqu'un d'entre nous sait jouer du piano.**

주 므 드멍드 씨 껠꺙 덩트흐 누 쎄 주에 듀 삐아노

우리 중에 피아노를 치는 사람이 있는지 모르겠네요.

» **Je me demande si j'ai bien compris.**

주 므 드멍드 씨 줴 비앙 꽁프히

제가 잘 이해했는지 모르겠네요.

이제 원어민 음성을 듣고, 함께 따라 해봅시다!

01 우리가 전에 만난 적이 있는지 궁금하네요.

🔊 **Je me demande si on ne s'est pas déjà rencontré.**

02 너무 비싼 게 아닌지 모르겠네요.

🔊 **Je me demande si ce n'est pas trop cher.**

03 가능한지 모르겠네요.

🔊 **Je me demande si c'est possible.**

04 이렇게 하는 게 맞는지 궁금하네요.

🔊 **Je me demande si c'est la bonne méthode.**

05 짐 가방을 쌌는지 궁금하네요.

🔊 **Je me demande si vous avez déjà fait votre valise.**

06 최근에 이사를 한 건지 궁금하네요.

🔊 **Je me demande s'ils n'ont pas déménagé récemment.**

07 제가 이곳에 있을 자격이 있는지 모르겠어요.

🔊 **Je me demande si je mérite d'être ici.**

08 제 프랑스어 실력이 늘었는지 궁금하네요.

🔊 **Je me demande si mon niveau de français s'est amélioré.**

단어장

se rencontrer (만나다) | trop (너무) | cher (비싼) | possible (가능한) | comme ça (이렇게) | faire la valise (짐 가방을 싸다) | déménager (이사하다) | récemment (최근에) | mériter (자격이 있다) | ici (여기, 이곳) | niveau de français (프랑스어 실력) | s'améliorer (늘다)

01 이 회의가 언젠가 끝나긴 할지 궁금하네요.

_____ **la réunion va finir un jour.**

a) Je demande si   b) Je me demande

c) Je si demande me   d) Je me demande si

02 너무 비싼 건지 궁금하네요.

Je me demande si _____.

a) c'est trop cher   b) ce n'est trop cher   c) ce n'est pas trop cher   d) c'est cher

03 피아노를 칠 줄 아시는지 궁금해요.

Je me demande si vous _____ du piano.

a) savez jouez   b) savoir jouer   c) savez jouer   d) savoir jouez

04 우리가 이곳에 있을 자격이 있는지 모르겠네요.

Je me demande si _____ d'être ici.

a) on mériter   b) nous méritons   c) on mérite   d) on mérites

05 우리가 서로 아는지 궁금하네요.

Je me demande si on _____.

a) connaît   b) s'est rencontré   c) se recontrer   d) se connaît

정답

01. d)   '~인지 궁금하네요'는 Je me demande si입니다.

02. a)   '너무 비싸다'는 c'est trop cher가 되겠죠?

03. c)   '칠 줄 알다'의 의미로 savoir와 jouer 동사가 주어 vous를 만나면서 savez jouer가 됩니다.

04. b, c) '우리가 자격이 있다'는 nous méritons 또는 on mérite입니다.

05. d)   '서로 알다'는 se connaître 동사죠? 주어 on을 만나면 se connaît가 됩니다.

60 그때그때 달라요.

- '그때그때 다르다'를 프랑스어로 ça dépend이라고 합니다. '~에 따라 다릅니다'는 ça dépend de~ 패턴 뒤에는 일반적으로 명사가 따릅니다. 다양한 예시를 통해 함께 배워 볼까요?

A : **Vous voulez retourner en France ?**

부 불레 흐뚜흐네 엉 프헝스

프랑스로 되돌아가고 싶으신가요?

B : **Ça dépend.**

싸 데뻥

그때그때 달라요.

A : **Ça dépend de quoi ?**

싸 데뻥 드 꾸와

뭐에 따라 달라지나요?

B : **Ça dépend de mon humeur, tout simplement !**

싸 데뻥 드 모-뉴뫼흐 뚜 쌍쁠르멍

그저 제 기분에 따라 다르답니다!

접두사

Ça dépend de 에서 동사 dépendre는 '~에 달려있다, ~에 속하다, ~에 의존하다' 라는 의미를 갖고 있어요. 이 동사에서 파생된 명사는 dépendance (의존성)이고, 그 반대되는 의미의 명사가 indépendance(독립성)랍니다. 마찬가지로 tourner는 '돌아가다'를, retourner는 '되돌아가다'를 의미합니다. 이처럼 프랑스어에는 접두사를 통해서 의미를 유추해 볼 수 있는 단어들이 많답니다. 접두사(préfixe)를 잘 알고 있으면 프랑스어 어휘를 익힐 때 도움이 되겠죠?

» **Ça dépend des jours.**

싸 데뻥 데 쥬흐

그날그날 달라요.

» **Ça dépend de toi.**

싸 데뻥 드 뚜와

너에게 달려있어.

» **Ça dépend de chacun.**

싸 데뻥 드 샤깡

개개인에 따라 달라요.

» **Ça dépend du prix.**

싸 데뻥 듀 프히

가격에 따라 달라요.

» **Ça dépend de qui.**

싸 데뻥 드 끼

누구냐에 따라 달라요.

» **Ça dépend de la situation.**

싸 데뻥 들-라 씨뜌아씨옹

상황에 따라 달라요.

더 알아보기

주요 접두사

ordinaire 평범한	extraordinaire 놀라운	pluie	비	parapluie 우산
légal	합법적인	illégal	불법의	venir	오다	revenir	돌아오다
espérer	희망하다	désespérer	절망하다	tourner 돌아가다	retourner 되돌아가다

01 취향에 따라 달라요.

🔊 **Ça dépend des goûts.**

02 나이에 따라 달라요.

🔊 **Ça dépend de l'âge.**

03 세대에 따라 달라요.

🔊 **Ça dépend de la génération.**

04 지역에 따라 달라요.

🔊 **Ça dépend de la région.**

05 어떻게 하느냐에 따라 달라요.

🔊 **Ça dépend de la manière.**

06 조건에 따라 달라요.

🔊 **Ça dépend des conditions.**

07 언제인지에 따라 달라요.

🔊 **Ça dépend de quand.**

08 사람마다 달라요.

🔊 **Ça dépend des gens.**

단어장

goût (맛, 취향) | âge (나이) | génération (세대) | région (지역) | comment (어떻게) |
condition (조건) | quand (언제) | gens (사람들)

다음 빈칸에 들어갈 알맞은 말을 모두 고르세요!

01 그의 기분에 따라 달라요.

Ça dépend de _____.

a) sa humeur   b) ses humeur   c) son humeur   d) s'humeur

02 상황에 따라 달라요.

Ça dépend _____.

a) de situation   b) la situation   c) de le situation   d) de la situation

03 어떻게 하느냐에 따라 달라요.

Ça dépend _____.

a) pourquoi   b) quand   c) comment   d) quoi

04 세대에 따라 달라요.

Ça dépend _____.

a) du génération   b) de la géneration   c) de genération   d) de la génération

05 너에게 달려있어.

Ça dépend de _____.

a) tu   b) toi   c) te   d) vu

정답

- 01. c)   '기분'은 humeur이고, 남성 명사입니다. '그의 기분'은 son humeur가 되겠죠?
- 02. d)   'ça dépend de + (관사) + (명사)' 형식으로 따른다는 사실을 기억해 주세요.
- 03. c)   '어떻게'는 comment이죠?
- 04. d)   '세대'는 génération입니다. é가 두 개 들어가는 것 기억해 주세요!
- 05. c)   강세형 대명사인 toi를 사용해 줘야 하겠죠?

동영상 강의

A: **Ma saison préférée est le printemps.**
마 쎄종 프헤페헤 에 르 프항떵

B: **Ah oui ? Pourquoi ?**
아 위 뿌흐꽈

A: **Parce qu'au printemps, il fait ni chaud, ni froid.**
빠흐쓰-꼬 프항떵 일 페 니 쇼 니 프후와

B: **C'est vrai. Mais tu n'aimes pas les beaux jours d'été ?**
쎄 브헤 메 뜌 넴 빠 레 보 쥬흐 데떼

A: **Ah non ! Je déteste ! Il fait trop chaud.**
아 농 주 데떼쓰뜨 일 페 트호 쇼

B: **En fait, moi aussi je préfère l'hiver à l'été.**
엉 페뜨 무와 오씨 주 프헤페흐 리베흐 아 레떼

A: **Tu aimes la neige, c'est ça ?**
뜌 엠 라 네쥬 쎄 싸

B: **Tu as raison. J'adore quand il neige parce que je peux faire des batailles de boules de neige !**
뜌 아 헤종 쟈도흐 껑 일 네쥬 빠흐쓰끄 주 뾔 페흐 데 바따이- 드 불 드 네쥬

A: 내가 가장 좋아하는 계절은 봄이야.

B: 아 그래? 왜?

A: 왜냐하면 봄에는 덥지도 춥지도 않으니까.

B: 맞아. 그런데 날이 쨍쨍한 여름은 별로야?

A: 절대 싫어! 너무 더워.

B: 사실, 나도 여름보다는 겨울이 더 좋아.

A: 눈을 좋아하는구나, 그치?

B: 네 말이 맞아. 눈이 오면 눈싸움을 하고 놀 수 있어서 정말 좋아!

정리하기

제가 가장 좋아하는 계절은 ~입니다.	Ma saison préférée est ~
덥지도 춥지도 않아요.	Il fait ni chaud, ni froid.
여름보다는 겨울이 더 좋아요.	Je préfère l'hiver que l'été.
그런 거죠?	~, c'est ça ?
네 말이 맞아.	Tu as raison.

PARTIE

07

마음 10마디

MP3

61 이 노래를 들으면 외로움을 느껴요.

- 자신이 느끼는 기분이나 감정에 대해 이야기할 때 se sentir동사를 사용해서 '~를 느끼다', '기분이 ~하다'와 같은 문장을 만들 수 있는데요. Je me sens~ 패턴을 함께 배워볼까요?

🖐 회화 톡!

A : **J'aime bien cette chanson.**

쥅 비앙 쎄뜨 성쏭

전 이 노래가 좀 마음에 들어요.

B : **Moi, je me sens seul lorsque j'écoute cette chanson.**

무와 주 므 썽 쐴 로흐쓰끄 제꾸뜨 쎄뜨 성쏭

저는 이 노래를 들으면 외로움을 느껴요.

A : **Ah bon ? Moi je trouve qu'elle est plutôt joyeuse.**

아 봉 무와 주 트후브 껠-레 쁠류또 주와여즈

그래요? 저는 밝은 노래 같아 보여요.

B : **Oui, je sens que nous n'avons pas du tout le même point de vue.**

위 주 썽 끄 누 나봉 빠 듀 뚜 르 멤 뿌왕 드 뷰

네, 저희가 완전히 다른 시각을 갖고 있는 게 느껴지네요.

🖐 더 알아보기

Se sentir 와 sentir의 차이

se sentir + (속사/부사구)는 자신의 '느낌/기분이 ~하다'를 의미합니다.

그런데 sentir는 se sentir와 전혀 다른 의미로 사용됩니다. 상황에 따라 '냄새를 맡다'가 될 수도, '냄새가 나다'도 될 수 있습니다. 또한 정신적으로 무언가 느끼거나 지각했을 때, 그 감지한 내용을 말할 때에도 sentir 동사를 쓴답니다.

Ex Je sens le danger.   나는 위험을 느껴요.

Je me sens seul.   나는 혼자라고 느껴요.

» **Je me sens mieux grâce à toi.**

주 므 썽 미유 그하쓰 아 뚜와

네 덕에 기분이 나아졌어.

» **Je me sens déprimée ces derniers temps.**

주 므 썽 데프히메 쎄 데흐니에 떵

최근 들어 기분이 우울해요.

» **Je me sens perdue.**

주 므 썽 뻬흐듀

난 길을 잃었다고 느껴요.

» **Je me sens libre.**

주 므 썽 리브흐

난 자유롭다고 느껴.

» **Je me sens un peu triste.**

주 므 썽 앙 쁘 트히쓰뜨

나는 기분이 조금 슬퍼.

» **Je me sens mal depuis hier.**

주 므 썽 말 드쀠 이에흐

어제부터 기분이 좋지 않아요.

이제 원어민 음성을 듣고, 함께 따라 해봅시다!

01 저는 기분이 아주 좋아요.

🔊 Je me sens **très bien.**

02 저는 언제나 그렇듯 피곤해요.

🔊 Je me sens **fatigué comme toujours.**

03 저는 정말 신이 나요.

🔊 Je me sens **surexcité.**

04 저는 사랑 받는 기분이에요.

🔊 Je me sens **aimé.**

05 저는 주변 사람들에게 격려를 받아요.

🔊 Je me sens **encouragé par mon entourage.**

06 저는 무력하다고 느껴요.

🔊 Je me sens **impuissant.**

07 요즘 제가 덤벙거린다고 느껴요.

🔊 Je me sens **étourdi ces jours-ci.**

08 저는 편안함을 느껴요.

🔊 Je me sens **détendu.**

단어장

bien (좋은, 양호한) | fatigué (피곤한) | comme toujours (언제나 그렇듯이) | surexcité (들떠 있는, 흥분한, 정말 신이 난) | aimé (사랑받는) | encouragé (격려 받은, 위로받은, 용기를 얻은) | entourage (주위 사람들, 측근) | impuissant (무능한, 무력한) | étourdi (덤벙거리는, 경솔한) | ces jours-ci (요즘, 최근) | détendu (편안한)

다음 빈칸에 들어갈 알맞은 말을 모두 고르세요!

01 저는 기분이 좋지 않아요.

_____ mal.

a) Je sens   b) Je sens me   c) Je me   d) Je me sens

02 저는 기분이 좋아요.

Je me sens _____.

a) mal   b) surexcité   c) bien   d) libre

03 저는 기분이 나아졌어요.

Je me sens _____.

a) mieux   b) plus bien   c) moins bien   d) mieux bien

04 요즘 사랑 받는 기분이에요.

Je me sens aimé _____.

a) aujourd'hui   b) ces jours   c) ces jours-ci   d) comme toujours

05 어제부터 우울해요.

Je me sens déprimé _____.

a) depuis hier   b) par mon entourage
c) par les évènements   d) ces derniers temps

정답

01. d)   '기분이 ~하다'고 말할 때 Je me sens~ 패턴을 사용합니다.
02. c)   '좋은'은 bien입니다.
03. a)   여기서 mieux는 '더 좋은, 더 나은'이라는 의미를 가집니다.
04. c)   '요즘'은 ces jours-ci 입니다. 철자와 발음에 주의해 주세요!
05. a)   '어제'는 hier이고 '~부터'는 depuis입니다.

62 시간이 정말 빨리 흐르는 것 같아요.

• 어떤 것이나 상황에 대해서 자신의 느낌을 표현할 때에는 j'ai l'impression 패턴을 통해서 '~한 것 같다'고 말할 수 있습니다. 예시를 함께 살펴볼까요?

👆 회화 톡!

A : Nous sommes le 31 août.

누 쏨 르 트헝떼앙 우뜨

오늘은 8월 31일입니다.

B : Oh, j'ai l'impression d'être au début du mois de juin...

오 줴 랑프헤씨옹 데트흐 오 데뷰 듀 무와 드 쥬앙

어머, 6월 초인 것 같은데...

A : C'est pas vrai ! C'est déjà la fin de l'été.

쎄 빠 브헤 쎄 데쟈 라 팡 드 레떼

말도 안 돼요! 벌써 여름의 끝자락이네요.

B : J'ai l'impression que le temps passe très vite.

줴 랑프헤시옹 끄 르 떵 빠쓰 트헤 비뜨

시간이 정말 빨리 흐르는 것 같아요.

👆 더 알아보기

J'ai l'impression de + (동사원형) VS J'ai l'impression que + (평서문)
두 패턴의 의미는 같지만 de를 사용하느냐 que를 사용하느냐에 따라 뒤에 따라오는 문장 구성
이 바뀌니 주의해 주세요!

Ex		
6월 초인 것 같아요.	J'ai l'impression d'être en début juin.	
	J'ai l'impression qu'on est en début juin.	
시간이 정말 빨리 흐르는 것 같아요.	J'ai l'impression de voir le temps passer très vite.	
	J'ai l'impression que le temps passe très vite.	

» **J'ai l'impression que tout le monde m'adore.**
쥐 랑프헤씨옹 끄 뚜 르 몽드 마도흐
모두가 저를 좋아하는 것 같아요.

» **J'ai l'impression que c'est le plus grand obstacle.**
쥐 랑프헤씨옹 끄 쎄 르 쁠류 그헝-똡쓰따끌르
이게 가장 큰 장애물인 것 같아요.

» **J'ai l'impression que vous êtes responsable.**
쥐 랑프헤씨옹 끄 부 제뜨 헤쓰뽕싸블르
당신 책임인 것 같아요.

» **J'ai l'impression que ce professeur explique bien.**
쥐 랑프헤씨옹 끄 쓰 프호페쐬흐 엑쓰쁠리끄 비앙
이 교수님이 설명을 잘 해주는 것 같아요.

» **J'ai l'impression que c'est déjà l'hiver.**
쥐 랑프헤씨옹 끄 쎄 데쟈 리베흐
벌써 겨울인 것 같아요.

» **J'ai l'impression que tu ne m'aimes plus.**
쥐 랑프헤씨옹 끄 뜌 느 멤 쁠류
네가 더 이상 날 사랑하지 않는 것 같아.

01 기절할 것 같아요.

🔊 J'ai l'impression que **je vais m'évanouir.**

02 농담인 것 같아요.

🔊 J'ai l'impression que **c'est une blague.**

03 마치 스무 살인 것 같아요.

🔊 J'ai l'impression que **j'ai 20 ans !**

04 어제였던 것 같아요.

🔊 J'ai l'impression que **c'était hier.**

05 모든 것이 변한 것 같아요.

🔊 J'ai l'impression que **tout a changé.**

06 오늘이 일요일인 것 같아요.

🔊 J'ai l'impression que **nous sommes dimanche.**

07 매일 같은 실수를 하는 것 같아요.

🔊 J'ai l'impression de **faire toujours la même faute.**

08 아무도 나를 좋아하지 않는 것 같아요.

🔊 J'ai l'impression que **personne ne m'aime.**

단어장

s'évanouir (기절하다) | blague (농담, 장난) | an (살) | hier (어제) | changer (바꾸다) |
dimanche (일요일) | toujours (항상, 매일같이) | même (같은) | faute (실수) | personne
(아무도) | aimer (좋아하다)

다음 빈칸에 들어갈 알맞은 말을 모두 고르세요!

01   저의 책임인 것 같아요.

_____ je suis responsable.

a) J'ai l'impression   b) J'ai l'impression de
c) J'ai l'impression que   d) J'ai impression que

02   농담인 것 같아요.

J'ai l'impression que c'est _____.

a) un dimanche   b) une faute   c) un obstacle   d) une blague

03   아무도 변하지 않은 것 같아요.

J'ai l'impression que _____ n'a changé.

a) toujours   b) nous   c) tout le monde   d) personne

04   당신이 나를 좋아하는 것 같아요.

J'ai l'impression que vous _____.

a) aimez moi   b) moi aimez   c) m'aimez   d) me aimez

05   벌써 여름인 것 같아요.

J'ai l'impression que c'est _____.

a) déjà été   b) déjà l'été   c) déjà un été   d) déjà l'hiver

---

정답

01. c)   je suis responsable가 평서문이기 때문에 j'ai l'impression de가 아닌 j'ai
          l'impression que 패턴을 사용해야 합니다.
02. d)   '농담'은 une blague입니다.
03. d)   '아무도'는 personne, '모두'는 tout le monde입니다. 헷갈리지 마세요!
04. a)   '당신이 나를 좋아해요'는 vous m'aimez입니다.
05. c)   '벌써'는 déjà이고 '여름'은 été입니다. 사이에 정관사를 잊지 말고 넣어주세요!

사진을 더 찍지 못해 아쉬워요.

- 지난 일에 대해 아쉬움이나 후회를 나타내는 패턴, 바로 regretter 동사를 활용한 Je regrette d'avoir + (과거분사)인데요. '~해서 아쉬워요'라는 말을 하기 위해서는 동사의 과거분사를 잘 아는 것이 중요하겠죠? 함께 살펴봅시다.

회화 톡!

A : **C'était comment votre voyage de noces ?**

쎄 떼 꼬멍 보트흐 부와야쥬 드 노쓰

신혼여행 어떠셨어요?

B : **Magnifique, mais je regrette de ne pas avoir pris plus de photos.**

마니피끄 메 주 흐그헤뜨 드 느 빠-쟈부와흐 프히 쁠류쓰 드 포또

환상적이었죠. 그런데 사진을 더 찍지 못해 아쉬워요.

A : **Oh, quel dommage !**

오 껠 도마쥬

어머, 너무 아쉽네요.

B : **Oui, je regrette de n'avoir apporté qu'une seule recharge.**

위 주 흐그헤뜨 드 나부와흐 아뽀흐떼 뀐 쐴 흐샤흐쥬

네, 배터리를 하나만 가져간 것이 후회돼요.

더 알아보기

je regrette d'avoir + (과거분사)	~을 해서 아쉽다/후회된다
je regrette de ne pas avoir + (과거분사)	~를 하지 않아서 아쉽다 / 후회된다
je regrette de ne pas pouvoir + (동사원형)	~를 하지 못해서 아쉽다 / 후회된다

* ne pas가 들어가는 위치를 잘 기억해 주세요!

과거분사 Participe passé

1군 동사 → é　　　　2군 동사 → i　　　　3군 동사 → 불규칙

» **Je regrette d'avoir fait quelques erreurs.**

주 흐그헤뜨 다부와흐 페 껠끄-제회흐

몇 가지 실수를 한 것이 후회돼.

» **Je regrette de ne pas pouvoir être présent.**

주 흐그헤뜨 드 느 빠 뿌브와-헤트흐 프헤정

참석하지 못해서 아쉬워요.

» **Je regrette de t'avoir blessé.**

주 흐그헤뜨 드 따부와흐 블레쎄

너에게 상처 준 것을 후회해.

» **Je regrette de ne pas vous avoir connu plus tôt.**

주 흐그헤뜨 드 느 빠 부-쟈부와흐 꼬뉴 쁠류 또

당신을 더 일찍 알지 못한 것이 아쉽네요.

» **Je regrette de ne pas pouvoir rester plus longtemps.**

주 흐그헤뜨 드 느 빠 뿌브와흐 헤쓰떼 쁠류 롱떵

더 오래 있지 못해서 아쉬워요.

» **Je regrette d'avoir su la vérité.**

주 흐그헤뜨 다부와흐 쓔 라 베히떼

현실을 알게 된 것이 아쉬워요.

따라하기 이제 원어민 음성을 듣고, 함께 따라 해봅시다!

01 그와 헤어진 것이 후회돼.
🔊 **Je regrette de l'avoir quitté.**

02 시간이 충분하지 않았던 것이 아쉬워요.
🔊 **Je regrette de ne pas avoir eu assez de temps.**

03 더 많은 여행을 다니지 않은 것이 후회돼요.
🔊 **Je regrette de ne pas avoir voyagé davantage.**

04 이 영화를 본 것을 후회해.
🔊 **Je regrette d'avoir vu ce film.**

05 당신을 믿었던 것이 후회돼요.
🔊 **Je regrette de vous avoir fait confiance.**

06 이 선택을 한 것이 후회돼요.
🔊 **Je regrette d'avoir fait ce choix.**

07 더 공부하지 않은 것이 후회돼요.
🔊 **Je regrette de ne pas avoir continué mes études.**

08 저는 아무것도 후회하지 않아요.
🔊 **Je ne regrette rien.**

단어장

quitter (떠나다) | assez (충분히, 부족함 없이) | temps (시간) | voyager (여행하다) | davantage (더 많이) | voir (보다) | film (영화) | faire confiance (믿다, 신뢰하다) | faire un choix (선택을 하다) | continuer (계속하다, 이어가다) | étude (공부, 학습) | rien (아무것도)

다음 빈칸에 들어갈 알맞은 말을 모두 고르세요!

01 사진을 찍은 것이 후회돼요.

_____ pris des photos.

a) Je regrette   b) Je regrette avoir

c) Je regrette d'avoir   d) Je regrette de avoir

02 너를 알게 된 게 후회돼.

Je regrette de t'avoir _____.

a) quitté   b) fait   c) continué   d) connu

03 저는 아무것도 후회하지 않아요.

Je _____.

a) ne regrette rien   b) ne regrette pas

c) ne rien regretter   d) ne pas regretter

04 당신을 믿지 않은 것이 후회돼요.

Je regrette de ne pas vous avoir _____.

a) faire confiance   b) fait confiance

c) faites confiance   d) font confiance

05 충분히 여행하지 못해서 아쉬워요.

Je regrette de ne pas _____ voyager assez.

a) avoir   b) faire   c) être   d) pouvoir

정답

01. c)   '~한 것이 후회돼요'는 Je regrette d'avoir + 과거분사 패턴입니다.

02. d)   '알다'는 connaître 동사로, 과거분사는 connu입니다.

03. a)   ne와 rien이 들어가는 위치를 잘 확인해 주세요!

04. b)   Faire동사의 과거분사는 fait입니다.

05. d)   '~못해서 아쉬워요'는 avoir + 과거분사가 아닌 pouvoir + 동사원형이라는 점 기억하세요!

실망하실까 걱정돼요.

- 걱정이나 두려움을 표현할 때 J'ai peur que + (접속법) 패턴을 사용할 수 있습니다. 이 패턴은 '~할까 봐 걱정돼요, 겁이 나요, 두려워요'와 같은 의미를 가집니다. 함께 살펴볼까요?

👉 회화 톡!

A : **Tu as bien passé ton examen ?**

뜌 아 비앙 빠쎄 또-네그쟈망

시험 잘 쳤어?

B : **Aucune idée, c'était tellement difficile.**

오뀨-니데 쎄떼 뗄멍 디피씰

전혀 모르겠어요, 정말 어려웠어요.

A : **Mais ne t'inquiète pas.**

메 느 땅끼에뜨 빠

에이, 걱정하지 마.

B : **J'ai peur que vous soyez déçu.**

줴 쀠흐 끄 부 쑤와예 데쓔

실망하실까 걱정돼요.

✌️ 더 알아보기

접속법 Subjonctif

1인칭과 2인칭 복수형은 반과거 어미, 나머지는 1군 동사 직설법 어미를 사용합니다.

-e, -es, -e, -ions, -iez, -ent

» **J'ai peur qu'elle ne vienne pas.**

쥬 뾔흐 껠 느 비엔 빠

그녀가 오지 않을까 두려워요.

» **J'ai peur que ça se termine trop tard.**

쥬 뾔흐 끄 싸 쓰 떼흐민 트호 따흐

너무 늦게 끝날까 걱정돼요.

» **J'ai peur que la piqûre fasse mal.**

쥬 뾔흐 끄 라 삐뀨흐 파쓰 말

주사가 아플까 두려워요.

» **J'ai peur qu'ils ne me comprennent pas.**

쥬 뾔흐 낄 느 므 꽁프헨 빠

그들이 저를 이해하지 못할까 걱정돼요.

» **J'ai peur que mes efforts ne servent à rien.**

쥬 뾔흐 끄 메-제포흐 느 쎄흐브-따 히앙

저의 노력이 아무 소용이 없을까 겁이 나요.

» **J'ai peur que vous soyez trop fatigué.**

쥬 뾔흐 끄 부 쑤와예 트호 파띠게

너무 피곤하실까 봐 걱정돼요.

이제 원어민 음성을 듣고, 함께 따라 해봅시다!

01 아이들이 감기에 걸릴까 걱정이에요.

🔊 **Je peur que les enfants attrapent froid.**

02 이미 너무 늦은 게 아닐지 걱정돼요.

🔊 **J'ai peur qu'il soit déjà trop tard.**

03 이 큰 개가 물까 봐 두려워요.

🔊 **J'ai peur que ce gros chien me morde.**

04 같은 어려움을 겪고 계실까 걱정돼요.

🔊 **J'ai peur que vous subissiez les mêmes difficultés.**

05 이게 시작일까 두려워요.

🔊 **J'ai peur que ça ne soit que le début.**

06 기사가 조작된 것은 아닐지 걱정돼요.

🔊 **J'ai peur que les articles soient manipulés.**

07 지진이 다시 일어날까 겁이 나요.

🔊 **J'ai peur qu'il y ait un nouveau tremblement de terre.**

08 긴장 때문에 몸이 얼어버릴까 겁이 나요.

🔊 **J'ai peur d'être paralysé par le trac.**

단어장

enfant (아이) | attraper froid (감기에 걸리다) | déjà (이미) | trop (너무) | tard (늦다) | gros (큰) | chien (개) | mordre (물다) | subir des difficultés (어려움을 겪다) | début (시작, 처음) | article (기사) | manipuler (조작하다) | tremblement de terre (지진) | se reproduire (다시 일어나다, 재발하다) | trac (긴장, 공포) | paralyser (마비시키다)

01 네가 실망할까 걱정돼.

_____ **tu sois déçu.**

a) J'ai peur de   b) J'ai peur du   c) J'ai peur que   d) Que j'ai peur

02 그가 올까 두려워요.

J'ai peur qu'_____.

a) il vient   b) il viennent   c) il vienne   d) il vien

03 당신이 감기에 걸릴까 걱정이에요.

J'ai peur que vous _____ froid.

a) attrapez   b) attraperez   c) attrapiez   d) atrappiez

04 이게 다시 일어날까 겁이 나요.

J'ai peur que ça _____.

a) se reproduire   b) se reproduis

c) se reproduisent   d) se reproduise

05 네가 날 아프게 할까 겁이 나.

J'ai peur que tu me _____ mal.

a) fais   b) fait   c) fasse   d) fasses

정답

01. c)   '~걱정돼요'는 J'ai peur que + 접속법 패턴입니다.
02. c)   venir 동사의 3인칭 단수 접속법은 vienne입니다.
03. c)   attraper 동사의 2인칭 복수 접속법은 attrapiez입니다.
04. d)   se reproduire 동사의 3인칭 단수 접속법은 se reprduise입니다.
05. d)   faire 동사의 2인칭 단수 접속법은 fasses입니다.

65 초대해주셔서 기쁩니다.

- '~해서 기뻐요'하고 기쁨이나 만족감을 표현하는 패턴을 함께 배워봅시다. 바로 Je suis content de 패턴인데요. 뒤에는 명사 또는 동사원형이 올 수 있답니다.

회화 톡!

A : **Venez avec votre femme et vos enfants !**

브네 아베끄 보트흐 팜 에 보-정펑

아내와 아이들과 함께 오세요!

B : **Je suis content de votre invitation.**

주 쓰위 꽁떵 드 보트-항비따씨옹

초대해주셔서 기쁩니다.

A : **Je suis ravie de pouvoir vous inviter.**

주 쓰위 하비 드 뿌브와흐 부-쟝비떼

초대할 수 있어서 제가 기쁩니다.

B : **Merci, à samedi prochain.**

멕씨 아 쌈디 프호샹

감사합니다, 다음 주 토요일에 뵙겠습니다.

더 알아보기

Je suis content de + (명사) 또는 (동사원형)과 마찬가지로 사용할 수 있는 패턴을 하나 더 알려 드리자면 바로 Je suis ravi de + (명사) 또는 (동사원형) 입니다.

* Je가 여성일 때, e가 붙어서 contente 그리고 ravie가 되는 것 아시죠?

또한 Je suis content 이나 Je suis ravi 뒤에 de가 아닌 que가 따르게 된다면, 앞서 배운 J'ai peur que와 마찬가지로 접속법을 사용해서 문장을 완성시키면 된답니다.

Ex Je suis content **que** vous m'ayez invité.

Je suis ravi **que** vous soyez content.

» **Je suis contente d'entendre cette nouvelle.**
주 쓰위 꽁떵뜨 덩떵드흐 쎄뜨 누벨
이 소식을 듣게 되어 기쁩니다.

» **Je suis contente d'avoir un enfant.**
주 쓰위 꽁떵뜨 다부와흐 앙-넝펑
아이를 가져서 기쁩니다.

» **Je suis contente de vos efforts.**
주 쓰위 꽁떵뜨 드 보-제포흐
당신의 노력이 만족스럽습니다.

» **Je suis contente de l'état d'esprit des bénévoles.**
주 쓰위 꽁떵뜨 드 레따 데쓰프히 데 베네볼
자원봉사자들의 마음가짐이 만족스럽습니다.

» **Je suis ravie de faire partie de l'équipe.**
주 쓰위 하비 드 페흐 빠흐띠 드 레뀌쁘
이 팀에 속한 것이 기쁩니다.

» **Je suis contente de mon choix.**
주 쓰위 꽁떵뜨 드 몽 슈와
저의 선택이 만족스럽습니다.

01 새로운 헤어컷이 만족스러워요.

🔊 Je suis content de **ma nouvelle coupe de cheveux.**

02 이 도시에 다시 오게 되어 기뻐요.

🔊 Je suis content de **revenir dans cette ville.**

03 우리가 함께 해낸 것에 대해 뿌듯해요.

🔊 Je suis ravi de **ce que nous avons accompli ensemble.**

04 이 계약을 하게 되어 기쁩니다.

🔊 Je suis content de **signer ce contrat.**

05 제 인생의 새로운 막을 열게 되어 기쁩니다.

🔊 Je suis content de **tourner une nouvelle page de ma vie.**

06 출근해서 기쁩니다.

🔊 Je suis content de **me rendre au travail.**

07 사람들이 행복한 것을 보니 기쁩니다.

🔊 Je suis content de **voir les gens heureux.**

08 발언할 수 있어서 기쁩니다.

🔊 Je suis content de **pouvoir prendre la parole.**

단어장

nouveau / nouvelle (새로운) | coupe de cheveux (헤어컷) | revenir (돌아오다) | ville (도시) |
accomplir (해내다, 이루다) | ensemble (함께) | signer un contrat (계약하다, 계약서에 서명하다)
| tourner (넘기다) | page (페이지, 장) | vie (인생) | se rendre au travail (직장에 가다, 출근하다)
| gens (사람들) | heureux (행복한) | prendre la parole (발언하다)

01 초대해주셔서 기쁩니다.

_____ de votre invitation.

a) Je suis content   b) Je suis contente
c) Je suis ravi   d) Je suis ravie

02 이 소식이 만족스럽습니다.

Je suis content de _____.

a) cet nouvelle   b) cette nouvelle   c) cet nouvel   d) cette nouvel

03 다시 돌아올 수 있어서 기뻐요.

Je suis content de _____.

a) pouvoir   b) pouvoir revenir
c) revenir pouvoir   d) revenir

04 이 선택이 만족스럽습니다.

Je suis content de _____.

a) ce choix   b) cet choix   c) cette choix   d) ces choix

05 출근해서 기쁩니다.

Je suis content de _____ au travail.

a) me rendre   b) rendre   c) me prendre   d) prendre

정답

01. a, b, c, d) 주어 je가 남성이라면, a/c가 정답, 여성이라면 b/d가 정답입니다!
02. b) '소식'은 nouvelle이고 여성 명사입니다.
03. d) '돌아오다'는 revenir '~할 수 있다'는 pouvoir입니다. 따라서, '돌아올 수 있다'는 pouvoir revenir가 됩니다.
04. a) '선택'은 choix이고 남성 명사입니다. 따라서, '이 선택'은 ce choix입니다.
05. c) '출근하다'는 se rendre au travail입니다. prendre와 헷갈리지 않게 주의하세요!

66 합격을 축하드립니다.

- Je vous félicite de/pour는 축하 또는 칭찬의 말을 전할 때 사용하는 표현입니다. 주로 명사가 따르지만, 상황에 따라 avoir + (과거분사)로 문장을 완성할 수도 있답니다. 그럼 함께 배워볼까요?

 회화 톡!

A : **Félicitations !**

펠리씨따씨옹

축하드립니다!

B : **Pourquoi ? Qu'est-ce qui se passe ?**

뿌흐꽈 께쓰 끼 쓰 빠쓰

왜요? 무슨 일이죠?

A : **Je vous félicite d'avoir réussi votre examen !**

주 부 펠리씨뜨 다부와흐 헤위씨 보트-헤그쟈망

합격을 축하드립니다!

B : **Oh ! Merci pour cette bonne nouvelle.**

오 멜씨 뿌흐 쎄뜨 본 누벨

어머! 이렇게 좋은 소식 주서서 감사해요.

 더 알아보기

축하의 말

Félicitations !	Super !	Bravo !
Trop fort !	Chapeau !	Toutes mes félicitations !

» **Je vous félicite pour votre travail remarquable.**
주 부 펠리씨뜨 뿌흐 보트흐 트하바이 흐마흐꺄블르
당신의 훌륭한 일처리에 박수를 보냅니다.

» **Je vous félicite pour votre mariage.**
주 부 펠리씨뜨 뿌흐 보트흐 마히야쥬
결혼을 축하드립니다.

» **Je ne vous félicite pas pour votre manque d'initiative.**
주 느 부 펠리씨뜨 빠 뿌흐 보트흐 멍끄 디니씨아띠브
소극적인 모습이 칭찬할만하지 않습니다.

» **Je vous félicite pour vos énormes efforts.**
주 부 펠리씨뜨 뿌흐 보-제노흐므-제포흐
당신의 엄청난 노력에 박수를 보냅니다.

» **Je vous félicite pour votre nouvelle nomination.**
주 부 펠리씨뜨 뿌흐 보트흐 누벨 노미나씨옹
새 인사발령을 축하드립니다.

» **Je vous félicite pour ces dix années de progrès.**
주 부 펠리씨뜨 뿌흐 쎄 디-쟈네 드 프호그헤
지난 10년간의 발전에 박수를 보냅니다.

따라하기 이제 원어민 음성을 듣고, 함께 따라 해봅시다!

01   이 역사적인 순간을 축하드립니다.
🔊 **Félicitations pour cet événement historique.**

02   환상적인 경기에 박수를 보냅니다.
🔊 **Félicitations pour ce formidable match.**

03   진실을 지키신 것에 박수를 보냅니다.
🔊 **Je vous félicite d'avoir défendu la vérité.**

04   최근 실적에 대해 축하의 말을 드립니다.
🔊 **Je vous félicite des résultats obtenus récemment.**

05   그 부서에 취임하신 것을 축하드립니다.
🔊 **Félicitations pour l'accès à ce poste.**

06   당신의 전문성에 박수를 보냅니다.
🔊 **Je vous félicite pour votre professionnalisme.**

07   아이 출산을 진심으로 축하드립니다.
🔊 **Toutes mes félicitations pour la naissance du bébé.**

08   당신의 열정에 박수를 보냅니다.
🔊 **Je vous félicite pour votre engagement.**

단어장

événement (사건) | historique (역사적인) | formidable (환상적인) | match (경기) |
défendre (지키다, 보호하다) | vérité (진실) | résultat (결과, 실적) | obtenir (얻다, 획득하다)
| récemment (최근) | accession (취임) | poste (부서) | professionnalisme (전문성) |
vivement (힘차게, 활발히) | nouveau-né (신생아) | engagement (기여)

다음 빈칸에 들어갈 알맞은 말을 모두 고르세요!

01 축하합니다!

_____ !

a) Félicitations   b) Félicitation   c) Féliciter   d) Félicite

02 결혼을 축하합니다.

_____ pour votre mariage.

a) je vous féliciter   b) je vous félicite   c) je vais féliciter   d) je me félicite

03 역사적인 경기에 박수를 보냅니다.

Je vous félicite pour ce _____.

a) match formidable   b) match professionnel
c) match obtenu   d) match historique

04 당신의 노력에 박수를 보냅니다.

Je vous félicite pour _____.

a) les effors   b) les efforts   c) vos efforts   d) vos effors

05 너의 발전을 축하해!

Je te félicite pour _____!

a) les progrés   b) tes progrés   c) tes progrès   d) tes progress

---

정답

01. a)   축하하는 표현 Félicitations은 늘 복수로 사용됩니다.
02. b)   축하할 때 사용하는 패턴은 Je vous félicite pour입니다.
03. d)   '역사적인'은 historique, '경기'는 match입니다.
04. c)   '노력'은 effort입니다. t가 발음이 나지 않지만, 잊지 않도록 철자에 주의해 주세요!
05. c)   '발전'은 progrès입니다. é가 아닌 è라는 점 기억해 주세요!

와주셔서 감사합니다.

- '감사합니다'는 Merci죠 ? '감사하다' 동사는 remercier 동사인데요, 이 동사로 감사를 표현하는 패턴이 구성됩니다. Je vous remercie de/pour 패턴 함께 배워봅시다!

👆 **회화 톡!**

A : **Joyeux anniversaire ! Je vous souhaite une excellente journée !**

조와요-쟈니베흐세흐 주 부 쑤에-뙨 엑쎌렁뜨 쥬흐네

생일 축하해요! 좋은 하루 보내길 바라요!

B : **Bon anniversaire ! Tiens, c'est un cadeau pour toi.**

보-나니베흐세흐 띠앙 쎄-땅 꺄도 뿌흐 뚜와

생일 축하해요! 자, 당신을 위한 선물이에요.

C : **Je vous remercie d'être venus.**

주 부 흐메흐씨 데트흐 브뉴

와주셔서 감사합니다.

✌ **더 알아보기**

감사인사

Merci beaucoup ! 정말 감사합니다!   Merci infiniment ! 무한히 감사합니다!

Un grand merci ! 진심으로 감사합니다!   Merci mille fois ! 대단히 감사합니다!

De rien !   별말씀을요!

Je vous en prie !   천만에요!   * De rien! 보다 정중한 표현

» **Je vous remercie de votre compréhension.**
주 부 흐메흐씨 드 보트흐 꽁프헤엉씨옹
이해해 주셔서 감사합니다.

» **Je vous remercie pour votre attention.**
주 부 흐메흐씨 뿌흐 보트-하떵씨옹
주의를 기울여주셔서 감사합니다.

» **Je vous remercie pour votre soutien.**
주 부 흐메흐씨 뿌흐 보트흐 쑤띠앙
지지해주셔서 감사합니다.

» **Je vous remercie pour vos innombrables messages.**
주 부 흐메흐씨 뿌흐 보-지농브하블르 메싸쥬
셀 수 없이 많은 문자에 감사드립니다.

» **Je vous remercie pour votre travail précieux.**
주 부 흐메흐씨 뿌흐 보트흐 트하바이 프헤씨외
주옥같은 작업에 감사드립니다.

» **Je vous remercie pour votre invitation.**
주 부 흐메흐씨 뿌흐 보트-항비따씨옹
초대해주셔서 감사합니다.

따라하기 이제 원어민 음성을 듣고, 함께 따라 해봅시다!

01   보여주신 열정에 감사드립니다.
🔊 **Je vous remercie pour votre enthousiasme.**

02   저를 믿어주셔서 감사드립니다.
🔊 **Je vous remercie pour la confiance que vous m'accordez.**

03   당신의 섬김에 감사드립니다.
🔊 **Je vous remercie pour votre service.**

04   선물 주셔서 감사합니다.
🔊 **Je vous remercie pour votre cadeau.**

05   환대해 주셔서 감사합니다.
🔊 **Je vous remercie pour votre hospitalité.**

06   인내해 주셔서 감사해요.
🔊 **Je vous remercie pour votre patience.**

07   제게 영감이 되어주셔서 감사합니다.
🔊 **Je vous remercie pour l'inspiration que vous m'avez donnée.**

08   제게 건네주신 다정한 말씀에 감사드립니다.
🔊 **Je vous remercie des mots aimables que vous m'avez adressés.**

단어장

enthousiasme (열정) | confiance (신뢰) | accorder (부여하다, 허락하다) | service (섬김) | cadeau (선물) | hospitalité (환대) | patience (인내) | inspiration (영감) | donner (주다) | mot (단어, 마디) | aimable (다정한, 상냥한) | adresser (말을 걸다)

다음 빈칸에 들어갈 알맞은 말을 모두 고르세요!

01   무한히 감사합니다!

Merci _____ !

a) infiniement   b) infiniment   c) imfiniment   d) imfiniement

02   와주셔서 감사합니다.

Je vous remercie d'être _____.

a) venu   b) venue   c) venus   d) venues

03   지지해주셔서 감사합니다.

_____ pour votre soutien.

a) Je vous remerci   b) Je vous remercis

c) Je vous remercie   d) Je vous remercit

04   문자 주셔서 감사합니다.

Je vous remercie pour _____.

a) votre message   b) votre service   c) votre mot   d) votre cadeau

05   영감이 되어주셔서 감사합니다.

**Je vous remercie pour l'inspiration que vous
m'_____.**

a) avez donné   b) m'avez donnée   c) m'avez donnés   d) m'avez données

---

정답

01. b)   '무한히'는 infiniment입니다. 철자에 주의해 주세요.

02. a, b, c, d) vous가 누구인지에 따라 4개의 보기 모두 정답이 될 수 있습니다.

03. c)   remercier동사는 1군 동사이므로 주어 je를 만나면 je remercie가 됩니다.

04. a)   '문자'는 message입니다.

05. b)   여성 단수 명사인inspiration과 성수 일치를 시켜줍니다. 따라서 m'avez donnée가
            됩니다.

68 늦어서 죄송합니다.

- 이번에는 사과하고 용서와 양해를 구하는 표현을 배워보겠습니다. 직역하자면 '~에 대해서 양해를 구합니다'라는 표현은 Veuillez m'excuser de/pour입니다. 함께 살펴볼까요?

회화 톡!

A : **M. Lebrel n'est pas encore là ?**

므쓔 르브헬 네 빠 엉꼬흐 라

르브렐 씨, 아직 안 오셨나요?

B : **Non, je pense qu'il est sur le trajet.**

농 주 뻥쓰 낄-레 쓔흐 르 트하줴

네, 오는 중인 것 같습니다.

A : **Ah, le voilà.**

아 르 브왈라

아, 저기 오네요.

C : **Bonjour madame, veuillez m'excuser d'être en retard.**

봉쥬흐 마담 뵈예 멕쓰뀨제 데트-헝 흐따흐

안녕하세요, 늦어서 죄송합니다.

더 알아보기

Veuillez m'excuser / Excusez-moi / Je m'excuse의 차이

프랑스어로 이 3가지 모두 사과할 때 많이 쓰이는 표현인데, 이 중의 하나는 의미적으로 옳지 않은 표현입니다. 바로 Je m'excuse인데요, 예를 들어 Je m'excuse d'être en retard라고 말을 한다면, 이를 직역했을 때 '저는 제가 지각한 것을 용서해요'라는 의미가 됩니다. 따라서 상대방에서 용서를 구하는 상황에서 쓰기엔 적합하지 않겠죠? '당신에게 저를 용서해 줄 것을 요청해요'라는 의미의 veuillez m'excuser나 excusez-moi를 써주는 게 맞는 표현이랍니다. 둘 중에 excusez-moi보다는 veuillez m'excuser가 더 정중한 표현이라고 생각하시면 언제 어떤 표현을 쓰는 것이 더 자연스러운지 파악해서 사용할 수 있을 거예요.

» **Veuillez m'excuser d'avoir mis si longtemps à vous répondre.**
뵈예 멕쓰뀨제 다부와흐 미 씨 롱떵 아 부 헤뽕드흐
답장하는 데 오래 걸려서 죄송합니다.

» **Veuillez m'excuser d'interrompre le débat.**
뵈예 멕쓰뀨제 당떼홍프흐 르 데바
토론을 방해해서 죄송합니다.

» **Veuillez m'excuser pour la prononciation.**
뵈예 멕쓰뀨제 뿌흐 라 프호농씨아씨옹
제 발음을 양해 부탁드립니다.

» **Veuillez m'excuser de m'être empressée.**
뵈예 멕쓰뀨제 드 메트흐 엉프헤쎄
제가 서두른 것에 대해 양해를 구합니다.

» **Veuillez m'excuser pour l'erreur que j'ai faite.**
뵈예 멕쓰뀨제 뿌흐 레회르 끄 줴 페뜨
저의 실수에 용서를 구합니다.

» **Veuillez m'excuser pour le bruit.**
뵈예 멕쓰뀨제 뿌흐 르 붕위
소음에 대해서 양해를 구합니다.

01 여러분과 함께하지 못해 미안합니다.

🔊 **Veuillez m'excuser de ne pas être parmi vous.**

02 제가 혹시 너무 예민하다면 죄송합니다.

🔊 **Veuillez m'excuser si je suis un peu nerveux.**

03 저의 솔직함을 용서하세요.

🔊 **Veuillez excuser ma franchise.**

04 이번에 깜빡한 것에 양해를 구합니다.

🔊 **Veuillez m'excuser pour cet oubli.**

05 전화를 받지 못해서 죄송합니다.

🔊 **Veuillez m'excuser de ne pas avoir répondu à votre appel.**

06 참석하지 못해 죄송합니다.

🔊 **Veuillez m'excuser pour mon absence.**

07 배송이 늦어져서 죄송합니다.

🔊 **Veuillez m'excuser pour la livraison tardive.**

08 저의 어설픈 프랑스어에 양해를 부탁드립니다.

🔊 **Veuillez m'excuser pour mon mauvais français.**

단어장

être parmi vous (여러분 가운데 있다, 여러분과 함께하다) | un peu (조금) | nerveux / nerveuse (예민한) | franchise (솔직함) | oubli (잊음, 망각) | répondre à un appel (전화를 받다) | absence (결석) | livraison (배송) | tardif / tardive (늦은) | mauvais / mauvaise (나쁜, 형편없는)

다음 빈칸에 들어갈 알맞은 말을 모두 고르세요!

01 늦어서 죄송합니다.

_____ d'être en retard.

a) Veuillez excuser   b) Veuillez m'excuser

c) Excusez-moi   d) Je m'excuse

02 방해해서 죄송합니다.

Veuillez m'excuser ____ vous interrompre.

a) de   b) à   c) si   d) pour

03 참석하지 못해 죄송합니다.

Excusez-moi _____ mon absence.

a) de   b) à   c) si   d) pour

04 서둘러서 죄송합니다.

Veuillez m'excuser d'avoir été _____.

a) pressè   b) pressé   c) pressés   d) pressès

05 답장을 못 드려서 죄송합니다.

Veuillez m'excuser de ne pas avoir _____.

a) répondre   b) réponse   c) répond   d) répondu

정답

01. b, c) Je m'excuse는 의미상 적합하지 않다는 사실 기억해 주세요!

02. a)   interrompre는 명사가 아닌 동사이므로 pour가 아닌 de 전치사를 사용합니다.

03. d)   '결석'이라는 의미의 absence는 명사이므로 de가 아닌 pour를 사용합니다.

04. b)   '서두르다'는 être pressé입니다. 정확한 철자를 기억해 주세요!

05. d)   '답하다'라는 뜻을 가진 동사 répondre의 과거분사는 répondu입니다.

69 쉽지 않다는 거 이해합니다.

- 상대방이 처한 상황이나, 입장, 행동 등에 대해 공감하고 이해할 때 사용할 수 있는 표현을 배워보겠습니다. '~하다는 것 이해합니다'를 의미하는 패턴은 Je comprends que + (접속법) 입니다.

회화 톡!

A : **Combien de temps mettez-vous pour aller au travail ?**

꽁비앙 드 떵 메떼 부 뿌흐 알레 오 트하바이

출근 시간이 얼마나 걸리나요?

B : **Environ 2 heures en bus.**

엉비홍 두-죄흐 엉 뷰스

버스로 2시간 정도 걸려요.

A : **Je comprends que ça ne soit pas facile, et en voiture ?**

주 꽁프헝 끄 싸 느 쑤와 빠 파씰 에 엉 부와뜌흐

쉽지 않다는 거 이해합니다, 차로는 얼마나 걸리나요?

B : **En voiture, cela prend seulement 1 heure.**

엉 부와뜌흐 쏠라 프헝 쐴멍 위-뇌흐

그런데 차로는 1시간밖에 안 걸려요.

더 알아보기

~시간이 얼마나 걸리나요?	Combien de temps mettez-vous ~ ?
몇 시간이 걸리나요?	Combien d'heures mettez-vous ~ ?
며칠이 걸리나요?	Combien de jours mettez-vous ~ ?
몇 주가 걸리나요?	Combien de semaines mettez-vous ~ ?

» **Je comprends que vous soyez occupé.**
주 꽁프헝 끄 부 쑤와예 오뀨뻬
바쁘신 거 이해합니다.

» **Je comprends que vous ayez faim.**
주 꽁프헝 끄 부-제예 팡
배고프신 거 이해합니다.

» **Je comprends qu'ils puissent arriver en retard.**
주 꽁프헝 낄 쁘위쓰-따히베 엉 흐따흐
그들이 늦게 도착할 수 있다는 거 이해합니다.

» **Je comprends que l'on doive prendre des mesures.**
주 꽁프헝 끄 롱 두와브 프헝드흐 데 므쥬흐
우리가 대책을 세워야 한다는 사실을 인정합니다.

» **Je comprends que les moyens soient limités.**
주 꽁프헝 끄 레 무와양 쑤와 리미떼
방법에 한계가 있다는 거 이해합니다.

» **Je comprends que vous soyez nerveux.**
주 꽁프헝 끄 부 쑤와예 네흐뵈
당신이 예민할 만하다고 생각합니다.

01 몇몇 사람들이 불안해할 수 있다고 생각합니다.
🔊 Je comprends que **certains puissent être craintifs.**

02 상처 받을 만하다고 생각합니다.
🔊 Je comprends qu'**il soit blessé.**

03 왜인지 이해할 수가 없어요.
🔊 Je **ne** comprends **pas pourquoi.**

04 다른 직업을 희망하시는 거 이해합니다.
🔊 Je comprends que **vous souhaitiez un autre emploi.**

05 수업이 항상 재미있을 수 없다는 거 이해합니다.
🔊 Je comprends que **les cours ne soient pas toujours amusants.**

06 그녀가 화날 만했네요.
🔊 Je comprends qu'**elle soit fâchée.**

07 당신이 가장 유능할 만하네요.
🔊 Je comprends que **vous soyez le plus compétent.**

08 네가 날 원망하는 거 이해해.
🔊 Je comprends que **tu m'en veuilles.**

단어장

certains (몇몇) | être craintif (불안해하다, 겁먹다) | être blessé (상처 받다) | pourquoi (왜) | souhaiter un autre emploi (다른 직업을 희망하다) | cours (수업) | toujours (항상) | amusant (재미있는) | être fâché (화나다) | compétent (유능한) | en vouloir à quelqu'un (원망하다)

다음 빈칸에 들어갈 알맞은 말을 모두 고르세요!

01 쉽지 않다는 거 이해합니다.

_____ **ça ne soit pas facile.**

a) Je comprend   b) Je comprends   c) Je comprendre   d) Je comprent

02 그가 화날 만했네요.

Je comprends qu'il _____.

a) soît faché   b) est fâché   c) soit fâchée   d) soit fâché

03 왜인지 이해할 수가 없어요.

Je ne comprends pas _____.

a) combien   b) comment   c) certains   d) pourquoi

04 네가 배고픈 거 이해해.

Je comprends que tu _____.

a) es faim   b) aies faim   c) ais fin   d) aies fin

05 당신이 불안해하는 거 이해해요.

Je comprends que vous _____.

a) êtes craintif   b) soyez craintive   c) être craintif   d) soyez craintif

---

정답

01. b) '이해하다'는 comprendre동사죠? 주어 Je를 만나면 comprends이 됩니다.
02. d) '화가 나다'는 être fâché죠? 주어 il을 만나면 접속법으로 soit fâché가 됩니다.
03. d) '왜'는 pourquoi입니다.
04. b) '배가 고프다'는 avoir faim입니다. 주어 tu를 만나면 접속법으로 aies faim이 됩니다.
05. b, d) '불안해하다'는 être craintif입니다. 접속법으로 주어 vous를 만나면 soyez craintif이
        겠죠? 이 때 vous가 여성이라면 soyez craintive도 가능합니다.

70 편하게 뭐든 물어보세요.

- '편하게 ~하세요' 또는 '마음 놓고 ~하세요'처럼 상대방을 안심시키고, 편안하게 만들 수 있는 N'ayez pas peur de + (동사) 또는 (명사) 패턴을 배워볼까요?

A : **Alors, c'était comment le cours de français ?**

알로흐 쎄떼 꼬멍 르 꾸흐 드 프헝세

자, 프랑스어 수업은 어떠셨나요?

B : **C'était un peu difficile, mais très intéressant.**

쎄떼 앙 쁘 디피씰 메 트헤-장떼헤썽

조금 어려웠지만, 아주 흥미로웠어요.

A : **Très bien. N'ayez pas peur de demander quoi que ce soit.**

트헤 비앙 네예 빠 뾔흐 드 드멍데 꾸와끄 쓰 쑤와

아주 좋네요. 편하게 뭐든 물어보세요.

B : **Merci beaucoup !**

멬씨 보꾸

정말 감사합니다!

N'ayez pas peur를 하나의 관용적인 표현으로 '편하게 ~하세요'나 '마음 놓고 ~하세요'라는 의미로 이해할 수도 있고, 직역했을 때의 의미처럼 '두려워하지 마세요'나 '겁내지 마세요'라고 해석할 수도 있습니다.

C'était comment ~ ?   ~ 어땠어요?

* 무언가에 대한 후기나 소감을 물어볼 때 사용하는 표현입니다.

» **N'ayez pas peur de faire des erreurs.**

네예 빠 뾔흐 드 페흐 데-제회흐

실수를 겁내지 마세요.

» **N'ayez pas peur de tout recommencer.**

네예 빠 뾔흐 드 뚜 흐꼬멍쎄

마음 놓고 다시 시작하세요.

» **N'ayez pas peur des regards des autres.**

네예 빠 뾔흐 데 흐갸흐 데-조트흐

남의 시선을 두려워하지 마세요.

» **N'ayez pas peur de la vie.**

네예 빠 뾔흐 들-라 비

삶을 두려워하지 마세요.

» **N'ayez pas peur, je serai toujours avec vous.**

네예 빠 뾔흐 주 쓰헤 뚜쥬흐 아벡 부

두려워 마세요, 제가 늘 함께할 거예요.

» **N'ayez pas peur de prendre des risques.**

네예 빠 뾔흐 드 프헝드흐 데 히스끄

위험을 무릅쓰기를 겁내지 마세요.

01 편하게 농담하셔도 됩니다.

🔊 N'ayez pas peur de **faire des plaisanteries.**

02 마음 놓고 감정을 털어놓으세요.

🔊 N'ayez pas peur d'**exprimer vos sentiments.**

03 개성을 나타내기를 겁내지 마세요.

🔊 N'ayez pas peur de **faire preuve d'originalité.**

04 자신을 믿기를 두려워 마세요.

🔊 N'ayez pas peur de **croire en vous.**

05 마음 놓고 사실을 말하세요.

🔊 N'ayez pas peur de **dire la vérité.**

06 편하게 질문하세요.

🔊 N'ayez pas peur de **poser des questions.**

07 다 버리기를 두려워하지 마세요.

🔊 N'ayez pas peur de **tout jeter.**

08 있는 모습 그대로이길 겁내지 마세요.

🔊 N'ayez pas peur d'**être vous-même.**

단어장

faire des plaisanteries (농담을 하다) | exprimer les sentiments (감정을 표현하다) | faire preuve d'originalité (개성을 나타내다) | coire (믿다) | dire la vérité (사실을 말하다) | poser des questions (질문을 하다) | tout (모두, 다) | jeter (버리다) | vous-même (당신 자신)

다음 빈칸에 들어갈 알맞은 말을 모두 고르세요!

01 겁내지 마세요!

_____ !

a) N'ayez pas peur   b) N'ayez peur pas

c) Ayez ne pas peur   d) Ayez ne peur pas

02 표현하기를 두려워 마세요.

N'ayez pas peur de _____.

a) vous croire   b) vous poser   c) vous jeter   d) vous exprimer

03 마음 놓고 모든 것을 말하세요.

N'ayez pas peur de _____.

a) tout faire   b) tout demander   c) tout jeter   d) tout dire

04 시선들을 두려워하지 마세요.

N'ayez pas peur _____.

a) du regard   b) des regards   c) de regard   d) de les regards

05 있는 모습 그대로이길 겁내지 마세요.

N'ayez pas peur d'être _____.

a) moi-même   b) toi-même   c) vous-même   d) lui-même

정답

01. a) '겁내지 마세요' 또는 '마음 놓고 ~하세요'라는 표현은 N'ayez pas peur입니다.

02. d) '표현하다'는 s'exprimer입니다. 따라서 2인칭 복수에서는 vous exprimer가 되겠죠?

03. d) '모두'는 tout, '말하다'는 dire입니다.

04. b) '시선'은 regard입니다. 단수일 때는 du regard, 복수일 때는 des regards가 되겠죠?
그냥 de만 써서 관사를 빼먹지 않도록 주의해 주세요!

05. c) '당신'의 있는 모습 그대로이기 때문에 vous-même이 정답이 됩니다.

A : **Tu sais, j'ai une nouvelle à t'annoncer !**
뜌 쎄 줴 윈 누벨 아 따농쎄

B : **C'est une bonne nouvelle, n'est-ce pas ?**
쎄-뛴 본 누벨 네쓰빠

A : **Essaie de deviner : bonne ou mauvaise ?**
에쎄 드 드비네 본 우 모베즈

B : **Allez, je vais dire que c'est une bonne nouvelle !**
알레 주 베 디흐 끄 쎄-뛴 본 누벨

A : **Chapeau ! Oui, tu as raison !**
샤뽀 위 뜌 아 헤종

B : **Alors, c'est quoi ?**
알로흐 쎄 꽈

A : **J'ai enfin eu mon permis de conduire !**
줴 엉팡 외 몽 뻬흐미 드 꽁듀이흐

B : **Génial, je te félicite ! Bravo !**
줴니알 주 뜨 펠리씨뜨 브하보

A : 있잖아, 네게 전할 소식이 하나 있어!

B : 좋은 소식이지, 안 그래?

A : 맞춰봐, 좋은 소식일까 나쁜 소식일까?

B : 음, 좋은 소식에 한 표를 던질래!

A : 멋진걸! 네 말이 맞아!

B : 자, 그래서 뭔데?

A : 나 드디어 운전면허를 땄어!

B : 우와, 축하해! 대단하다!

정리하기

네게 전할 소식이 하나 있어.	J'ai une nouvelle à t'annoncer.
좋은 소식이야.	C'est un bonne nouvelle.
나쁜 소식이야.	C'est une mauvaise nouvelle.
맞춰봐.	Essaie de deviner.
멋진걸! (감탄의 표현)	Chapeau !
운전면허를 땄어.	J'ai eu mon permis de conduire.
축하해!	Je te félicite !
대단해!	Bravo !